ADAC Reiseführer

Golf von Neapel

Capri Ischia Amalfiküste

Strände · Antike Stätten · Kirchen und Klöster
Villen · Museen · Grotten · Hotels · Restaurants

Die Top Tipps führen Sie zu den Highlights

von Gerda Rob

Intro

Unterwegs

GAMBRINU

Golf von Neapel Kaleidoskop

Karten und Pläne

Service

Golf von Neapel aktuell A bis Z 123

Sprachführer 136

Register 141

Leserforum

Die Meinung unserer Leserinnen und Leser ist wichtig, daher freuen wir uns von Ihnen zu hören. Wenn Ihnen dieser Reiseführer gefällt, wenn Sie Hinweise zu den Inhalten haben – Ergänzungs- und Verbesserungsvorschläge, Tipps und Korrekturen –, dann kontaktieren Sie uns bitte:

Redaktion ADAC Reiseführer
Gräfe und Unzer Verlag GmbH
Grillparzerstr. 12, 81675 München
adac.reisefuehrer@graefe-und-unzer.de

Golf von Neapel Impressionen

Spurensuche am Golf der Sirenen

Die Natur ließ ihrer Fantasie in der Gestaltung der Küstenregion des Golf von Neapel freien Lauf. Sanfte, runde, schmiegsame Hügel bieten der Metropole **Neapel** eine der schönsten Lagen der Welt. In den **Campi Flegrei**, wo Schwefeldämpfe wie Geisternebel ziehen, spürt man in einer instabilen, noch immer im Werden begriffenen Landschaft die Drohgebärden von glühender Lava und schwelendem Feuer unter der Erde. Die Inseln **Procida**, **Ischia** und **Capri** bescheren eine maritim anmutige Gegenwelt: Buchten als Fluchtpunkte, lichtdurchflutete Grotten, azurblaues Meer, der Himmel wie ein Glassturz darüber. Sonne, Weite, von endlosen Tomatenfeldern rot und grün getupft. Impressionen von Gleichmaß und bäuerlicher Arbeit wiederum prägen die Ebene der *Campania felix*.

Oben: *Am Abend leuchtet Capris Piazzetta, ein Anblick, den Tagestouristen verpassen*
Unten: *Farbenfrohe Urlaubsidylle – das Fischerdorf Corricella auf der Insel Procida*

Zu Füßen des Vesuv dokumentieren die Ausgrabungen der antiken Städte **Herculaneum** und **Pompeji** die üppige Welt des kaiserlichen Rom, fordern ein Memento mori in den Ruinen der Häuser ein. Fast bruchlos gehen sie in die lebensbejahende, blütenreiche **Halbinsel von Sorrent** über, deren Nordküste die Grandezza vergangener Jahrhunderte spüren lässt und deren amalfitanische Südküste als *La Costa Divina* mit ihren zu künstlichen Bergen geschichteten Häusern zwar schon den Golf von Salerno rahmt, aber dennoch dem Sorrentino zugeordnet wird. Die weit ausgreifenden Vorgebirge, die zwischen Ischia und Capri das Meer wie Hummerscheren einschließen und ihm Exklusivität verleihen, verschmelzen zu einem Stillleben in Blau, Grün, Ocker und Rosenholztönen vor dem Hintergrund von Geschichte und Legende, Wirklichkeit und Illusion.

Neapel neu entdecken

Die Hafenstadt Neapel hat beinahe zu viel Geschichte erlebt, ihr Boden ist mit

Vergangenheiten durchtränkt. Dreizehn Völker regierten hier. Sie ließen wehrhafte Kastelle, stolze Paläste, ehrwürdige Klöster und Kirchen in verschiedensten Baustilen errichten. Großartige Museen wie das **Museo Archeologico Nazionale** bewahren die versunkenen Welten von Herculaneum und Pompeji. Im **Duomo San Gennaro** ereignen sich alljährlich zwei Blutwunder (erstes Maiwochenende und 19. September) und im **Teatro San Carlo**, einem der ältesten Opernhäuser der Welt, sangen und singen alle großen Stars. Die Stadt bedarf der Geduld und Aufmerksamkeit. Zu lange war ihr Ruf schlecht, Camorra und Korruption bedrängten sie so sehr, dass nur Enthusiasten an eine neue Chance glaubten. Doch Neapel verblüffte alle. Es wurde restauriert und aufpoliert, die Museen neu

geordnet, die Parks wurden grüner, das Bummeln entspannter. Gleichwohl machte Neapel wiederholt unvorteilhafte Schlagzeilen: Mal ging es um Machtkämpfe der Camorra, mal um die Probleme der Abfallbeseitigung. Und doch, trotz aller Herausforderungen und Turbulenzen der Zeitläufte, erhebt Neapel immer wieder sein Antlitz. Die Stadt strahlt und begeistert mit Flair und den Zeugnissen ihrer großen Vergangenheit. Unvergesslich ist die Atmosphäre in der Altstadt mit der *Spaccanapoli*. Hier begegnet der Reisende der *Neapolitanità*, einer faszinierenden Mixtur aus Vitalität und Originalität, Familiensinn und exaltierter Selbstdarstellung.

Neapel ist eine Stadt zum Spazierengehen und Entdecken. Sie liebt Extreme: reich und arm, große Oper und rührende *Canzoni*, schicke Läden und trostlose Gassen, elegante Restaurants und urige Fischerkneipen, wo der *Polpo* seine mit Saugnäpfen bestückten Krakenarme wie Fanghaken krümmt.

Links oben: *In Sant'Angelo auf Ischia liegen heute vor allem Köder für Touristen aus*
Links unten: *Aus Neapel stammt die Pizza Margherita in Italiens Nationalfarben*
Rechts oben: *Nobler Ort für eine Pause – das Caffè Gambrinus in Neapels Zentrum*
Rechts: *Der Vulkan und seine dicht besiedelte Nachbarschaft, rechts hinten Capri*

Beste Wohnlagen in der Antike

Die Cäsaren und ihr Hofstaat verließen Rom nur allzu bereitwillig. Die schönsten Grundstücke für ihre Sommervillen zwischen Pozzuoli und Capo Miseno, zwischen Herculaneum, Punta Campanella und Capri waren ihnen Unsummen Geldes und Morde wert. Bei **Baia** bauten sie Rampen wie Plattformen ins Meer, um in Palästen zu residieren, die einander an Luxus überboten. Das Wasser aber nahm Rache, denn die instabile Küste senkte sich. Die Villen gerieten metertief in den Uferschlick, und die Wissenschaft ist heute um einen Berufszweig reicher: den Unterwasserarchäologen mit Sauerstoffflasche und Schwimmflossen.

Die Villen an der Südküste der Bucht fielen dem **Vesuv** zum Opfer. Die Ausgrabungen von Herculaneum und Pompeji ziehen heute viele Touristen an. Sie empfinden in den **Scavi** die Magie der Zeitlosigkeit, das Abenteuer, in der 2000-jährigen Vergangenheit zu wühlen, sie sehen die Momentaufnahme einer längst vergangenen Tragödie. Besucher der Ausgrabungen sollten wissen, dass die ›beweglichen‹ Originalkunstwerke längst in Museen wie dem Museo Archeologico

Nazionale in Neapel untergebracht sind und dass sich bis zu 30 000 Menschen täglich durch die Straßen der untergegangenen Städte drängen.

Atemberaubende Abgründe: die Halbinsel von Sorrent

Kühn in die Felshänge gehauen, jedoch nur ein Auftakt für das Kommende, führt die kurvenreiche Straße von Neapel über Vico Equense nach **Sorrent**. Die Steilküste trägt auf ihrem Tuffsteinplateau Orte, die im Widerspiel zu den harten Felsabbrüchen in einer sanften, rustikalen Landschaft ausschwingen. Illustre Reisende entdeckten im 18. Jh. die duftenden Gärten hoch über dem Meer des Odysseus. Luxus zog in Sorrent ein, Briten und Russen gaben sich ein Stelldichein, Maler und romantische Dichter verliebten sich

in die Intensität der fast unwirklichen Farben. Die Hotels der Belle Époque, gewaltig und felsverwachsen, in zauberhaften Parks verborgen, haben in Schönheit und Würde überlebt.

An der Südküste der Halbinsel, wo sich hinter Punta Campanella die schroffen Hänge der Monti Lattari steil ins Meer stürzen, führt die berühmte Panoramastraße **Amalfitana** von Positano über Amalfi nach Vietri sul Mare. Allerkühnste Technik überlistete die Geografie, italienische Straßenbaukunst meisterte schier unüberwindliche Abgründe. Fischerorte, die zuvor nur per Boot oder über Ziegenpfade erreichbar waren, mutierten nun zu Touristenhochburgen. Doch immer noch ist all das eng Gebaute, Aufeinandergetürmte, sind die Steilküsten, die winzigen Buchten, die nur puppenstubengroßen Dorfplätze von dramatischer Intensität. Blühende Glyzinien, duftende Orangen- und Zitronenbäume, Wildblumen und Ginster, Olivenhaine, Pinien und Weingärten heben den Landstrich ins Unwirkliche. Der Ausblick von den wie über Abgründen schwebenden Hotelterrassen und von einsamen Höhenwegen ist geradezu surreal.

Inseln unter der Lichtglocke des Himmels

Die Inseln im Golf von Neapel, schwimmende Berge in fast greifbarer Nähe zur Küste, sind so verschieden, wie man sich nur denken kann. **Procida**, die veritable Seefahrerinsel, bietet sich für eine Metamorphose zur Badeinsel kaum an. Den Fischern gehören die Häuser, die Buchten, die Boote, der Strand, die Netze. Großen Tourismus überlassen sie dem benachbarten grünen **Ischia**, auf dem die Thermalquellen so überreich sprudeln, die Flora im Frühling mit seltener Üppigkeit blüht, wo die Strände Namen haben, die ins Ohr gehen und die zahlreichen Hotels Luxus und Komfort bieten.

Links oben: *Auch Vögel lebten üppig in den römischen Landhäusern am Golf – Fresko in der Villa Poppea in Torre Annunziata*
Links Mitte: *Hirtengott Pan unterrichtet einen Schüler im Spiel der Syrinx – antike Statuen im Museo Archeologico Nazionale von Neapel*
Links unten: *Wodurch sich der Glasbläser wohl bei der Farbgebung inspirieren ließ?*
Oben: *Bourbonenkönig Ferdinand I. reitet ewig auf der Piazza del Plebiscito in Neapel*

Kapriziös ist **Capri**: Die Großartigkeit seiner Naturschönheiten wie der Blauen Grotte, die verschwenderisch wuchernde Vegetation und das milde mediterrane Klima haben dem Felseneiland mit den höhlendurchsetzten Steilküsten, der olivgrün getupften Landschaft, mit den eineinhalb Häfen und den wenigen, einsamen Badebuchten Weltruhm eingebracht. Zuweilen ist das Postkartenimage eine Last, aber jenseits der Altstadt gibt es zauberhafte Spazierwege, die Natur pur und einsame Ausblicke über Klippen, Meeresbrandung und grüne Schluchten bieten. Das Panorama des Golfo di Napoli, vom Licht umschmeichelt, ist von hier aus so schön wie eine Fata Morgana.

Abstecher zum Königspalast und zu griechischen Tempeln

Nicht komplett wäre eine Darstellung des Golfs von Neapel ohne einen Abstecher ins Landesinnere der Campania felix zum Versailles Italiens, dem *Palazzo Reale* von **Caserta**. Mit diesem riesigen Schloss haben sich die Bourbonen, die auch Neapels Stadtbild so stark prägten, ein ungemein prächtiges Denkmal gesetzt.

Und was könnte nach dem Eintauchen in all den Luxus und die Kunstfertigkeit der römischen Welt passender sein als ehrfürchtiges Staunen vor der Erhabenheit der griechischen Tempel von **Paestum**? Besser erhaltene Zeugnisse der Magna Graecia als hier an der Küste der Provinz *Salerno* sind kaum zu finden.

8 Tipps für cleveres Reisen

1 Parla italiano?

Im Gegensatz zum Gardasee oder der Toskana kommt man am Golf von Neapel mit Deutsch nicht sehr weit. Oft hilft auch nicht die englische Sprache. Wer schon ein paar Worte Italienisch spricht, ist klar im Vorteil. Ein ›Scusi‹ oder ein ›Grazie‹ wirken mitunter Wunder – und zaubern den Einheimischen ein Lächeln ins Gesicht.

2 Staus umfahren

Die Schönheit der Küste am Golf von Neapel ist zugleich ein Problem für jeden Autofahrer: Die Küstenstraßen SS 18 und SS 145 sind notorisch überlastet, Parkplätze ein rares Gut. Daher gilt es, die Rush-Hour zu vermeiden und wenn möglich auch Fahrten am Wochenende – besonders an Sonn- und Feiertagen.

3 Es geht auch ohne Auto

In Neapel und Umgebung sollten sich Urlauber auf einen mitunter aberwitzig anmutenden Verkehr einstellen. Denn hier geht es noch einmal deutlich chaotischer zu als im Rest Süditaliens. Zudem ist es ratsam, Fahrten in die Ortszentren zu vermeiden. Suchen Sie sich lieber einen Parkplatz am Ortsrand und bummeln Sie gemütlich zu Fuß ins ›Centro Storico‹.

4 Auf Qualität kommt es an

Vorsicht vor gefälschter Markenware, die es rund um Neapel in verlockend großer Auswahl gibt! In Italien sind die Strafen für den Kauf gefälschter Markenware beträchtlich – auch für arglose Käufer, die sich von fliegenden Händlern ›echte‹ Prada-Taschen und Gucci-Gürtel andrehen lassen.

5 Kleider machen Leute

Gerade im Süden Italiens wird Wert auf angemessene Kleidung gelegt. Über Badeshorts oder Spaghetti-Tops in Cafés und Restaurants schütteln die Einheimischen nur den Kopf – und allzu legere Kleidung in Museen oder gar Kirchen ist ein unverzeihliches Tabu.

6 Keine Chance den Dieben

Die Gegend um Neapel ist eine Hochburg der Kleinkriminalität. Daher sollten Urlauber niemals Wertsachen im Auto lassen, keinen teuren Schmuck tragen und stets auf das Portemonnaie achten. Zudem sollten in belebten Straßen Frauen ihre Handtasche nie zur Straßenseite hin tragen.

7 Kassenbons aufbewahren

Wer im Straßencafé einen Cappuccino genießt oder auch nur im Supermarkt eine Flasche Wasser zur Abkühlung kauft: Hier sollte man den Kassenbon unbedingt behalten! Denn in Italien achten die Beamten der Steuerfahndung penibel darauf, ob dieser vorhanden ist. Wer ohne einen Kassenbon erwischt wird, riskiert eine Geldstrafe.

8 Romantische Bootsfahrt – ein Muss

Die Schönheit des Golfs von Neapel erschließt sich besonders vom Meer her – auch jenseits der berühmten ›Blauen Grotte‹ (➔ S. 72) im Nordwesten der Insel Capri. Buchen Sie unbedingt eine Bootstour, die in vielen Küsten- und Inselhäfen angeboten wird. Empfehlenswert ist es, vor Antritt der Fahrt den Preis auszuhandeln.

8 Tipps für die ganze Familie

1 Rein ins Vergnügen

In Torre del Greco (→ S. 89), direkt am Fuße des Vesuv, befindet sich der Wasserpark ›Valle dell'Orso‹ und bietet alles, was das Kinderherz begehrt. Besonders beliebt sind die Wasserattraktionen, etwa die rasante ›Kamikaze-Rutsche‹ oder die verschlungene ›Anaconda-Bahn‹. *Via Giovanni XXIII 54, Torre del Greco, Tel. 08 18 47 39 42, geöffnet Ende Mai–Anf. Sept., Eintritt ab 11 Euro, www.valleorso.it*

2 Wichtige Gepäckstücke

Badeschuhe sind vor allem für die Kleinsten ein Muss, die Küste am Golf von Neapel ist oftmals extrem steinig. Auch Taucherbrillen sollte man nicht vergessen, ermöglichen sie doch den Kindern den Blick in eine faszinierende Unterwasserwelt mit ihren Pflanzen und Tieren.

Nachwuchsforscher gesucht 3

Die ›Città della Scienza‹ (→ S. 33) in Neapel wurde Anfang 2013 bei einem Brand schwer beschädigt, doch Ende 2013 öffnete das Museum schon wieder seine Pforten – auch mit den Erlebnis-Werkstätten, nach Altersgruppen unterteilt (0–3, 4–6, 7–9 Jahre). Hier können Kinder im ›BRAIN – Il mondo in testa‹ Interessantes zum menschlichen Gehirn lernen, es gibt eine Abteilung für Dinosaurier, und im Garten kann man ein Labyrinth besuchen. *Via Coroglio 104 und 57, Neapel, Tel. 081/735 22 20, Erwachsene rund 8, Kinder rund 5 Euro, www.cittadellascienza.it*

4 Toben ohne Reue

Gerade nach der Anreise mit dem Auto ist es besonders schön, mit den Kindern im Freien zu spielen und sich zu entspannen. In Neapel ist hierfür der ›Parco Villa Comunale‹ bestens geeignet, nur einen Steinwurf vom Meer entfernt.

Lieber Huckepack! 5

Jeder Familienbesuch von Pompeji (→ S. 91) und Herculaneum (→ S. 83) sollte sich auf einen steinigen Weg einstellen: Die antiken Straßen sind naturgemäß nicht sehr kinderwagenfreundlich. Daher sollten die Kleinen, soweit möglich, am besten vom Baby-Rucksack aus die Besichtigung genießen.

6 Auf den Wellen reiten

Für ältere Kinder und Jugendliche ein besonderer Spaß: Der Golf von Neapel ist ein faszinierendes Ziel für Wind- und Kitesurfer. Anfängerkurse bietet u.a. die Kitesurf-Schule ›Kitesurf Napoli‹ in Ischitella Lido, nördlich von Cuma (→ S. 44).
Mobil 33 93 42 53 99, www.kitesurfnapoli.com

7 Tipps im Netz

Wer sich schon vor Urlaubsbeginn über die aktuellen Veranstaltungen, interessantesten Konzerte, Aufführungen, Events und Ausstellungen der nächsten Monate in der ganzen Region informieren möchte, sollte sich den Internetauftritt der ›Campania Artecard‹ (→ S. 33) genauer ansehen. Hier sind viele familientaugliche Tipps zu finden. *Tel. 06 39 96 76 50, www.campaniartecard.it*

Beim Puppendoktor 8

Was tun, wenn die Lieblingspuppe einen Unfall hat? Kein Problem! Im ›Ospedale delle Bambole‹ in Neapel wird verletzten Puppen-Patienten sofort geholfen. Zudem sind hier Puppen und Kuscheltiere aus zwei Jahrhunderten zu bestaunen. Die Betreiberfamilie pflegt und restauriert seit vier Generationen altes Spielzeug.
Via San Biagio dei Librai 46, Neapel, Tel. 081/20 30 67 oder 39 34 84 72 44, www.ospedaledellebambole.it

Unterwegs

Zur Sonne und zum blauen Meer drängt ganz Positano – an der Amalfitana scheinen alle Sorgen hinter den Bergen verborgen

Die Hauptstadt Kampaniens – morbide Schönheit am Vesuv

Neapel, eine griechische Gründung, ist älter als Rom und liegt an einer der schönsten Meeresbuchten der Welt. Die Stadt in ihrem Gespinst aus Schönheit und Verfall, Lebensfreude und Vergeblichkeit kommt dem Besucher nicht immer strahlend entgegen, doch sie senkt sich tief ins Herz. Man wird sie Stück für Stück für sich entdecken: ihre Palazzi und Quartieri, ihre labyrinthischen Gassen und lebhaften Märkte, ihre architektonischen Juwele und natürlich ihre musealen Schätze. Die Metropole Kampaniens, ein ganzer Kosmos für sich, ist zudem ohne Zweifel auch der ideale Ausgangspunkt für eine Reise um den Golf, der nach ihr benannt ist.

1 Neapel

Keine andere Stadt beherrscht es besser, ihre Attraktionen in ein buntes, kontrastreiches Schauspiel des Alltagslebens zu hüllen.

Wie ein Amphitheater bettet sich Neapel (ital. Napoli, 974 000 Einw.) in die auf und ab wogende Hügellandschaft um den auch *Parthenopäischer Golf* genannten Meerbusen. Für die Enge und das Gedränge in der Altstadt entschädigt das betörende Panorama. Tag für Tag gebärdet sich die drittgrößte Stadt Italiens wie im Fieber: laut, chaotisch, urtümlich, zutiefst vergangenheitsbezogen und verblüffend modern. In den Kirchen und Klöstern greifen alle Baustile ineinander. Wunder und Wunderglaube haben einen festen Platz in den religiösen Vorstellungen der Menschen. Die Paläste und Burgen erstrahlen in majestätischem Charme. Das *Museo Archeologico Nazionale* begeistert mit Meisterwerken antiker Kunst und der *Palazzo Reale di Capodimonte* präsentiert berühmte Gemälde aus dem Besitz der Adelsfamilie Farnese.

Geschichte Nur eine Legende berichtet von der Gründung der Stadt am Sterbeort der zarten Sirene Parthenope. Seefahrer aus Rhodos errichteten im 7. Jh. v. Chr. die kleine Siedlung *Parthenope* auf einer dem Pizzofalcone vorgelagerten Felsklippe. An der Wende vom 6. zum 5. Jh. v. Chr. wurde die Siedlung etwas weiter nach Osten verlegt und bekam den Namen *Neapolis*. Nach einem kriegerischen Intermezzo mit den Samnitern stieg Neapolis zum gleichberechtigten Bündnispartner Roms auf, blieb aber auch als blühende römische Handelsstadt lange Zeit der griechischen Kultur verbunden. Trotz des Privilegs, den Cäsaren als bevorzugte Sommerresidenz zu dienen, konnte die Stadt den politische Niedergang nicht verhindern.

Neapel besticht durch seine poetische Lage – Aussicht auf Stadt, Jachthafen und Vesuv

Den Römern folgten die Goten, ehe Neapel 763 ein eigenständiges **Herzogtum** mit einem Faible für byzantinische Kunst und Kultur wurde. 1139 musste sich die Stadt den Normannen ergeben, denen die Staufer folgten.

Ab 1266 regierten die *Anjou* als Könige von Sizilien und Neapel, sie verloren jedoch 1282 Sizilien an das *Haus Aragon*. Der angiovinische Regent wandte seine Aufmerksamkeit nun ganz Neapel zu. Er machte es zur Hauptstadt des **Königreiches** und beschenkte es mit prunkvollen Kirchen und Palästen. König Robert von Anjou, genannt der Weise (reg. 1309–43), ein Förderer des Humanismus, bestellte den Maler Giotto di Bondone (1266–1337) an seinen Hof und schuf ein geistiges Klima, das die Dichter Francesco Petrarca (1304–74) und Giovanni Boccaccio (1313–75) anzog.

1442 eroberte Alfons I. aus dem spanischen Herrschergeschlecht Aragon das Königreich Neapel und vereinigte es wieder mit Sizilien. Er behielt Neapel als Residenzstadt bei und gründete hier die erste humanistische Akademie Italiens.

Von 1503 bis 1707 regierten *Spanische Vizekönige* in Neapel. Unter Pedro di Toledo wurde die Stadt verschönert und ein Bebauungsplan erarbeitet. 1656 jedoch entvölkerte die Pest die Stadt, sie versank in Armut und Bedeutungslosigkeit, es sollte Jahrzehnte dauern, ehe sie sich wieder erholte.

Im *Spanischen Erbfolgekrieg* (1701–13) ergaben sich die drei neapolitanischen Kastelle 1707 den angreifenden Österreichern. Die *Habsburger* hatten bis 1734 den Thron von Neapel inne. In diesem Jahr errangen die spanischen *Bourbonen* die Herrschaft, mit denen der zwiespältige Glanz absolutistischer Hofhaltung in die Stadt kam. Zum wichtigsten Baumeister avancierte damals *Luigi Vanvitelli*.

Als Reaktion auf die Französische Revolution wurde 1799 in Neapel und Umgebung die Parthenopäische Republik ausgerufen. Sie war nur von kurzer Dauer. Nach einem französischen Zwischenspiel 1806–15 mit Regenten von Napoleons Gnaden kehrten die Bourbonen zurück. Sie mussten sich aber 1860/61 Garibaldis Truppen geschlagen geben. Neapel wurde Teil des italienischen Staates und sank von der Metropole eines Königreiches zur **Provinzhauptstadt** ab.

Im Zweiten Weltkrieg schließlich wurden große Teile der Stadt durch Luftangriffe der Alliierten zerstört, ehe deren Truppen, von Salerno kommend, in Neapel einzogen. In der zweiten Hälfte des

Sonnige Stimmung auf der Piazza del Plebiscito mit der Chiesa San Francesco di Paola

20. Jh. setzte der Stadt vermehrt die *Camorra* zu. Gegen deren verbrecherische Familienclans befindet sich die Justiz seit Jahren im Kampf. Doch soziale Missstände und hohe Arbeitslosigkeit sorgen dafür, dass die mafiosen Familienclans auch im 21. Jh. zu den wichtigsten Arbeitgebern der Stadt zählen. Seine eigenständige Wirtschaftskraft bezieht Neapel jedoch aus dem *Fähr- und Containerhafen,* die es zum wichtigsten Verkehrszentrum und Warenumschlagplatz Süditaliens machen. Mit steigenden Tourismuszahlen nahm das Interesse am Centro Storico, der größten Altstadt Europas, die seit 1995 zum UNESCO-Weltkulturerbe gehört, stark zu. Die 2001 fertiggestellte *Città della Scienza* gilt als eines der modernsten Museen der Wissenschaft.

Ausblicke und erste Einblicke

Von Norden kommend, erreicht man auf der A1 den Stadtrand von Neapel und wechselt hier auf die Umgehungsstraße Tangenziale. Man verlässt diese beim Knoten Vomero und folgt den Vie Cilea und Scarlatti bis zur Piazza Vanvitelli (mit Parkplatz). Das **Castel Sant'Elmo** 1 (Via Tito Angelini 22, Tel. 08 12 29 44 01, www.polomusealenapoli.beniculturali.it, Mi–Mo 8.30–19.30 Uhr, Kasse schließt 1 Std. früher) liegt auf dem Vomero-Hügel wie eine Krone über der Stadt. Robert von Anjou erkannte die strategischen Möglichkeiten und veranlasste 1349 den Bau der

Festungsanlage Belforte. Don Pedro di Toledo ließ den angiovinischen Bau im Grundriss eines sechszackigen Sterns erweitern und imponierend befestigen. Dennoch ereilte die zu Stein gewordene Drohgebärde ein merkwürdiger, makaberer Schicksalsschlag: 1587 traf ein Blitz das Munitionsdepot. Ein großer Trakt explodierte, und 157 Menschen verloren ihr Leben. Heute bietet das sorgfältig restaurierte Castel neben einem grandiosen Ausblick über die Stadt Platz für kulturelle Veranstaltungen.

Unterhalb von Sant'Elmo liegt prachtvoll auf einem Bergvorsprung die **Certosa di San Martino** 2. Die ursprünglich gotische Kartause, im 14. Jh. unter dem Patronat des Hauses Anjou gegründet, erfuhr im frühen 17. Jh. durch Giovanni Antonio Dosio und Cosimo Fanzago eine barocke Umgestaltung. Überreich mit Marmor und Gemälden neapolitanischer Maler des 17. Jh. ausgestattet ist die prunkvolle *Klosterkirche*. An der linken Seite des Gotteshauses schließen die mit Holzintarsien geschmückte Sakristei und die *Cappella del Tesoro* mit Luca Giordanos Fresko ›Trionfo di Giuditta‹ an, das 1704 entstand.

Die Kartause ist Sitz des **Museo Nazionale di San Martino** (Largo San Martino 5, Tel. 08 12 29 45 02, www.polomusealecampania.beniculturali.it, Do–Di 8.30–19.30 Uhr). Die ungemein großzügige Anlage mit reichlich Gärten spannt einen weiten Bogen über neapolitanische Kunst mit Gemälden und Skulpturen des 18. und 19. Jh. Die Historische Abteilung erzählt anhand vieler Gegenstände und Veduten die Geschichte Neapels. Wertvollstes Stück ist die *Tavola Strozzi*, ein vom Meer aus gesehenes Stadtpanorama, das 1464 gemalt wurde. In der reichen Krippenausstellung bezaubert der *Presepe Cuciniello* mit einer märchenhaft inszenierten Anbetung des Christkindes. Der restaurierte *Quarto del Priore* wiederum brilliert mit erlesenem Inventar. Zur Ruhe lockt der *Chiostro Grande* (Kreuzgang), in dem 64 Marmorsäulen eine grüne Oase rahmen.

Westlich der Piazza Vanvitelli erreicht man die vornehme **Villa Floridiana** 3 (Via Cimarosa 77, Tel. 08 12 29 44 01, www.polomusealecampania.beniculturali.it, Mi–Mo 8.30–19 Uhr) inmitten eines großartigen terrassierten Parks. Villa und Park waren Liebes- und Trostgeschenke König Ferdinands IV. von Bourbon an seine Geliebte Lucia Migliaccio di Partanna, die Tochter des Herzogs von Floridia. Erst nach dem Tod seiner ersten Frau, der Maria-Theresia-Tochter Marie Caroline von Habsburg, konnte er Lucia heiraten. In der 1819 fertiggestellten Villa beherbergt das **Museo Duca di Martina della Ceramica** (Mi–Mo 8.30–19 Uhr) eine kostbare Kollektion mit *Porzellan* aus Europa, China und Japan sowie Kunsthandwerk aus Email, Gold und Elfenbein.

Imposante Löwenskulptur auf der Piazza del Plebiscito vor dem Palazzo Reale

Königliche Pracht im Zentrum des Zentrums

In einer Stadt, die räumliche Enge als Geborgenheit und Notwendigkeit empfindet, verkörpert die monumentale halbkreisförmige **Piazza del Plebiscito** 4 (Fußgängerzone) den Traum von Größe und Weite. Napoleons Schwager Joachim Murat, Gastwirtssohn, tollkühner Reitergeneral, als *Gioacchino* 1808–15 König von Neapel, gab das **Foro Murat** vor dem Palazzo Reale in Auftrag. Die zurückgekehrten Bourbonen ließen Murat erschießen, doch seinen Plan der kolonnadengesäumten *Piazza* wussten sie zu schätzen. Nach der Fertigstellung wurde der Platz in Foro Ferdinandeo umgetauft, die Reiter auf den Standbildern stellen Bourbonenkönige dar.

Hier schritten einst die Bourbonen – Francesco Picchiattis Treppe im Palazzo Reale

Die Westfront des **Palazzo Reale** 5 (Tel. 0815808111, www.palazzorealenapoli.it, Do–Di 9–20 Uhr, Kasse schließt 1 Std. früher) mit den acht eingefügten Marmorstatuen neapolitanischer Herrscher nimmt die ganze Breite der Piazza ein. Domenico Fontana, vormals päpstlicher Hauptbaumeister in Rom, konzipierte für den Spanischen Vizekönig Ferdinand Ruiz de Castro 1598 den Neubau über einer älteren Residenz. Erst Ferdinando Fuga gab dem nüchternen, erdenschweren Palazzo 1759 mit dem *Festflügel* auch eine imperiale Note. Die ganze Schönheit des nach einem Brand im 19. Jh. und den Kriegsschäden des 20. Jh. wieder instand gesetzten Gebäudes zeigt sich im Inneren. Die doppelläufige *Prunktreppe* Francesco Antonio Picchiattis von 1651 bringt architektonische Raffinesse und Grandezza in den schmalen Raum. Sie führt zu den original ausgestatteten Gemächern der Bourbonen, die heute das *Museo di Palazzo Reale* bilden.

Der *Thronsaal* erhält sein majestätisches Gepräge durch Reliefs der zwölf königlichen Provinzen und beachtenswerte Herrscherporträts. Im Festflügel des Palastes befindet sich die *Biblioteca Nazionale di Napoli*, deren reicher Bestand an Schriftum auf der Sammlung der Adelsfamilie Farnese fußt und zudem die 2000 Papyri aus Herculaneum [s. S. 87] bewahrt. Kostbarstes Stück der Sammlung sakraler Kunst in der *Cappella Reale* ist ein mit Halbedelsteinen geschmückter *Altar*, den Dionisio Lazzari 1674 fertigte. Von den *Giardini Reali* (Zugang durch das Gemach der Königin Maria Christina), die als hängende Gärten angelegt sind, genießt man einen schönen Blick auf den Golf von Neapel.

Den westlichen Abschluss der Piazza del Plebiscito bildet die **Chiesa San Francesco di Paola** 6. Ferdinand IV. von Bourbon, ab 1815 als Ferdinand I. Herrscher über das Königreich beider Sizilien, ließ sie 1817 in seiner Euphorie über die Rückkehr der Bourbonen nach Neapel als Kopie des römischen Pantheon erbauen.

Durch einen Gang direkt mit dem Palazzo Reale verbunden ist das **Teatro San Carlo** 7 (Via San Carlo 98, tagsüber Führungen, Tel. 08 17 97 24 68, www.teatrosancarlo.it). Das Opernhaus mit 3000 Plätzen, 1737 in nur acht Monaten Bauzeit errichtet, 1816 nach einem Brand im klassizistischen Stil erneuert, spielte und spielt eine Schlüsselrolle im italienischen Musikleben. Die opulente Dekoration in Rot und Gold verleiht dem Haus Würde und Distinktion. Hier brillierten zahlreiche *Sängerstars*, kapriziöse Primadonnen lieferten sich kapriziöse Gefechte, Erfolge und Misserfolge wurden inmitten von Begeisterungstaumel und Publikumspfiffen geboren. *Enrico Caruso* (1873–1921), Neapolitaner mit einer der begnadetsten Stimmen der Musikgeschichte, gab 1902 im Teatro San Carlo sein Debüt.

Jenseits der Piazza Trieste e Trento lädt das berühmte **Caffè Gambrinus** 8 (Via Chiaia/Piazza Trieste e Trento) mit Jugendstil-Ambiente und Terrasse zu Kaffee, Gebäck und Cocktails.

Am Nordende der Piazza Trieste e Trento, hinter der Chiesa San Ferdinando aus dem 17. Jh., öffnet sich weiträumig und hoch aufstrebend die **Galleria Umberto I** 9, eine doppelflügelige, glasüberkuppelte Einkaufspassage. Mit ihrem luxuriösen Flair symbolisierte sie den Aufbruch Neapels in das Zeitalter des geeinten Italien am Ende des 19. Jh. Dank ihrer Boutiquen, Cafés und Juweliere ist die Galleria noch heute ein attraktives Pflaster. Einer der Ausgänge geht auf die **Via Toledo** 10, einen prachtvollen Boulevard, den Pedro di Toledo, der Mann mit dem Faible für Größe und Prunk, im 16. Jh. als breite Schneise durch die Stadt schlagen ließ.

Die Piazza Trieste e Trento mündet in die Via Vittorio Emanuele mit der brunnengeschmückten **Piazza del Municipio** 11, die sich sanft abfallend bis zum Hafen erstreckt. Hier künden gewaltige Rund-

Schöne alte Einkaufswelt – die Galleria Umberto I aus dem ausgehenden 19. Jh.

Castel Nuovo – alte architektonische Drohgebärde mit prächtigem Triumphbogen

TOP TIPP türme aus Peperinstein vom wehrhaften **Castel Nuovo** ⓬. Als die Anjou im 13. Jh. in Neapel Fuß fassten, hatten sie eine Residenz für viele Generationen im Sinn. 1282 zogen sie ein in ihr Castrum Novum, auch *Maschio Angioino* (Anjou-Jüngling) genannt, und genossen den Blick über den Golf. Alfons I. von Aragon, Il Magnanimo, Herrscher über die vereinten Königreiche Neapel und Sizilien, setzte 1442 ein aragonesisches Kastell auf die Grundmauern des Maschio Angioino. Vom Siegerstolz Alfons I. kündet der doppelstöckige *Triumphbogen*, der marmorweiß, mit Reliefs und Statuen geschmückt, zwischen zwei Rundtürmen hervorleuchtet. Erstmals in Neapel siegte hier die Renaissance über die Gotik.

Das Castel Nuovo ist heute als *Museo Civico* (Tel. 08 17 95 77 22, Mo–Sa 9–19 Uhr, Kasse schließt 1 Std. früher) zugänglich. In der Palastkapelle *Cappella Palatina* sieht man Fresken des 14./15. Jh. Die drei Stockwerke des Südflügels präsentieren Gemälde und Kunstobjekte aus Silber und Bronze. Kernstück des Palastes ist die *Sala dei Baroni*. Unter ihrem prächtigen Sterngewölbe, das Guglielmo Sagrera schuf, hatte Ferdinand I. von Aragon 1487 die Barone zu einem Hochzeitsfest geladen, doch das Fest war nur Vorwand, um diejenigen, die sich an einer Verschwörung gegen ihn beteiligt hatten, festzunehmen. Sie entgingen ihrer Strafe nicht.

Die Altstadt zwischen Piazza del Gesù und Castel Capuano

Die Altstadt Neapels, ein malerisches Gewirr von Gassen und Gässchen, Piazze und Piazzette, breitet sich beiderseits des Straßenzuges **Spaccanapoli** ⓭ (spaltet Neapel) aus, der dem ältesten Viertel des Centro Storico den Namen gab. Die Gassen sind hier so eng, dass die Sonne sie kaum erreicht. Der Spaccanapoli beginnt am Fuß des Vomero-Hügels und setzt sich fort in der Via Pasquale Scura und Via Maddaloni, in der Piazza del Gesù und der Via Benedetto Croce, Via San Biagio dei Librei und Via Forcella.

Blickfang auf der **Piazza del Gesù** ⓮ ist die *Guglia dell'Immacolata*, eine opulente, 1747–50 von Giuseppe Genuino geschaffene Architekturplastik mit einer Überfülle an Rokoko-Dekor. Sie bildet einen auffallenden Kontrast zur **Chiesa Il Gesù Nuovo** ⓯ und ihrer nüchternen Quaderfassade aus Peperinstein in regelmäßigem Diamantschnitt. Das *Innere* der 1584–1601 erbauten Kirche ist ganz in farbigem Marmor gehaltenen und dennoch auf die Farben der Jesuiten, Weiß und Gold, abgestimmt. An der Westwand prangt ein spätbarockes *Fresko* (1725) von Francesco Solimena, es zeigt die ›Vertreibung des Heliodor‹.

Gewaltig sind die Dimensionen des TOP TIPP benachbarten **Complesso Monumentale di Santa Chiara** ⓰ (Via Santa Chiara 49c, Tel. 08 15 51 66 73, www.monasterodisantachiara.com, Mo–Sa 9.30–17.30, So 10–14.00 Uhr). Nach der Grundsteinlegung für Kirche und Kloster durch Robert von Anjou 1310 errichtete Gagliardo Primario den eher nüchternen Bau. Im Laufe seiner Geschichte erlebte dieser Erdbebenschäden, Neuaufbau, Barockisierung, Zerstörung im Zweiten Weltkrieg und schließlich seine Rekonstruktion im Stil der provenzalischen Gotik. Die einschiffige Saalkirche mit ihrem die Horizontale betonenden Längsraum fungierte auch als Grablege der Anjou. Die meisten der gotischen Grabmonumente schuf *Tino di Camaino*, das kostbare Denkmal für Robert den Weisen jedoch fertigten die Brüder Bertini aus Florenz.

Zauberhaft ist der *Chiostro Maiolicato*, auch Chiostro delle Clarisse genannt. Gelb, grün und blau leuchten die Majolikafliesen, mit denen seine Säulen und Sitzbänke verkleidet sind. Die Keramikplatten mit ihren ländlichen und mythologischen Szenen, Darstellungen von Spiel und Jagd, gestalteten *Giuseppe* und *Donato Massa* im 18. Jh. Das benachbarte *Museo dell'Opera* informiert über die Baugeschichte und präsentiert interessante Exponate aus Kirche und Kloster.

Die angrenzende Via Benedetto Croce führt zur **Piazza San Domenico Maggiore** 17. Diese ist zuweilen Schauplatz von Theateraufführungen und Konzerten. In der Mitte steht die hochbarocke *Guglia di San Domenico*, sie wurde 1656 von den Neapolitanern aus Dankbarkeit nach dem Ende der Pest gestiftet und von Francesco Antonio Pichiatti gestaltet.

Rokokoverspieltheit vor steinerner Stirn – Guglia dell' Immacolata und Il Gesù Nuovo

Über einem gewaltigen Sockelbau steigt eine reich verzierte Pyramide in den Himmel. Auf der Spitze posiert die Figur des hl. Dominikus von Antonio Vaccaro.

Jene lenkt den Blick auch auf die zinnengekrönte Apsis der **Chiesa San Domenico Maggiore** 18 (tgl. 10–19 Uhr). Seit ihrer Entstehung im späten 13. Jh. erlebte die Dominikanerkirche zahlreiche Katastrophen, Umbauten und Rekonstruktionen. Dadurch ging dem herb-schönen Bau der einheitliche große Gestus der Gotik verloren, barocke Elemente wie die

Säulen mit Fayencegirlanden im Chiostro Maiolicato des Complesso Monumentale di S. Chiara

Barocke Prachtentfaltung in der gotischen Kirche San Domenico Maggiore

üppig dekorierte Vorhalle kamen hinzu. Auch im *Inneren* der dreischiffigen Basilika kontrastieren Gotik und Barock. Eine hervorragende Arbeit ist der ›Christus am Kreuz‹ aus dem 13. Jh. im Cappellone del Crocifisso. In der Sakristeiunter den *Gewölbefresken* von Francesco Solimena mit dem ›Triumph des katholischen Glaubens über die Häresie‹ ruhen in kunstvoll verzierten Holzsärgen zwei Könige des Hauses Aragon und 43 weitere Würdenträger. Im nahen Kloster lebte und lehrte im 13. Jh. *Thomas von Aquin*. Der bedeutendste Theologe des Mittelalters entwickelte hier die scholastische Lehre von Gottes Offenbarung.

Ganz in der Nähe findet man das **Museo Cappella Sansevero** 19 (Via Francesco de Sanctis 19/21, Tel. 08155184 70, www.museosansevero.it, Mi–Mo 9.30–18.30 Uhr, letzter Einlass 30 Min. vorher). Als Gelübdekapelle des Giovanni Francesco di Sangro 1590 erbaut, ließ sie Raimondo di Sangro im 18. Jh. mit Statuen und Fresken ausgestalten. Grandios ist die Skulptur ›Il Cristo Velato‹, des verhüllten Christus, von Giuseppe Sammartino. Er hat den unglaublich zarten Schleier so weich und fließend gebildet, als sei der Marmor Wachs in seinen Händen gewesen. Schaurig sind die *Macchine Anatomiche*, die Leichen eines Mannes und einer Frau, deren Blutbahnen perfekt erhalten sind, Ergebnis eines Experiments des Wissenschaftspioniers Raimondo di Sangro.

Zurück auf dem Spaccanapoli, sollte man dem Kirchlein **Sant'Angelo a Nilo** 20 Beachtung schenken: Michelozzo und

Donatello schufen 1428 das Renaissancegrab für Kardinal Rinaldo Brancaccio.

Die anschließende Via San Biagio dei Librai mit Kirchen und Palästen des 16. Jh., mit ihren Juwelieren, Devotionalien- und Krippenhandlungen, gibt einen Vorgeschmack auf die links abzweigende **Via San Gregorio Armeno**, in der sich Krippenladen an Krippenladen reiht.

Mitten im engen Straßengewirr erhebt sich die Franziskanerkirche **San Lorenzo Maggiore** 21 (Piazza San Gaetano 76, www.laneapolissotterrata.it) aus dem späten 13. Jh. Karl I. von Anjou ließ den Bau im Stil der französischen Gotik errichten, die Fassade wurde im 18. Jh. verändert. Die einschiffige Saalkirche mit Kapellen an den Längswänden ist elegant und sehr hell. Im polygonalen *Chor*, rechts vom Hauptaltar des Giovanni da Nola, steht das wahrscheinlich als frühes Werk des Tino di Camaino anzusehende *Prunkgrab* der 1323 verstorbenen Katharina von Österreich, der Schwiegertochter Roberts von Anjou. Das dazugehörige *Kloster* besitzt einen Kreuzgang und zwei mit Deckenfresken geschmückte Säle, Sala Sisto V. und Sala Capitolare. Über eine Treppe im Kloster findet man Zugang zu den *Scavi* (Tel. 08 12 11 08 60, Mo–Sa 9.30–17.30, So 9.30–13.30 Uhr), die Ausgrabungen unter der Kirche. Sie geben ein eindrucksvolles Zeugnis von der Agora, dem Marktplatz der griechisch-römischen Neapolis.

Weihnachtskrippen: Der Alltag hält Einzug in Bethlehems Stall

Die Frömmigkeit der Neapolitaner war nie introvertiert. Ihre Liebe zum Bildhaften, Malerischen und theatralisch Bewegten fand ihren Ausdruck gerade in den berühmten **Weihnachtskrippen** (Presepii). Waren die Figuren ursprünglich noch bescheiden und traditionell aus Holz oder Marmor geformt, sprengte die Fantasie der Krippenbauer im 18. Jh. den stillen, würdigen Rahmen für das biblische Geschehen.

Köpfe aus Terrakotta, Arme und Beine aus Holz, verbunden mit einem durch Werg gepolsterten Körper aus Eisendraht machten die bisher statischen Figuren biegsam und beweglich und verliehen ihnen eine erstaunliche Ausdruckskraft. Unter Karl IV. von Bourbon gaben Künstler wie **Giuseppe Sammartina** und Porzellanmedailleure aus der Manufaktur von Capodimonte den Figuren eine neue, verfeinerte Note. Gekleidet wurden sie in eigens für sie hergestellte Stoffe.

Die Krippen selbst gerieten im Laufe der Zeit mehr und mehr zur **lokalen Bühne**. Die Anbetung des Christkindes wurde in die Landschaft Kampaniens verlegt und die stille Würde des Ereignisses löste sich in Alltagsszenen, den Sceneggiate, auf. Die Fantasie der Krippenmacher (Pastorai) in der **Via San Gregorio Armeno** von Neapel kennt keine Grenzen mehr. Längst basteln sie auch ausgefallene, skurrile Szenarien und lassen selbst bekannte Politiker, zuweilen in lachhaften Posen, im turbulenten Geschehen erscheinen.

Kunterbunt wie Neapels Straßenbild: Krippenfiguren in der Via Gregorio Armeno

Die frühbarocke **Basilica di San Paolo Maggiore** (22) vom Ende des 16. Jh. steht über den Resten eines römischen *Dioskurentempels* und einer mittelalterlichen Kirche. Höchst eindrucksvoll führt eine mächtige *Freitreppe* zum Eingang. Barock ist der von Francesco Grimaldi mitkonzipierte *Innenraum*. Francesco Solimena, der bedeutendste Meister des Spätbarock in Neapel, schuf die Fresken in der Sakristei mit der ›Bekehrung des Paulus‹.

Versteckt in einer kleinen Gasse neben der Piazza San Gaetano liegt einer der Eingänge zu **Napoli Sotterranea** (23) (Piazza San Gaetano 68, Tel. 081 29 69 44, www.napolisotterranea.org, Führungen in ital. Sprache tgl. 10,12,14,16 Uhr, engl. 10,14,18 Uhr). Zweistündige Führungen erschließen einen Teil der etwa 80 km langen, zweitausenjährigen ›Stadt unter Stadt‹. Man erkundet enge Schächte, alte Wasserleitungen, Zisternen, Grotten und die Reste eines griechisch-römischen Theaters, in dem einst Nero seine Verse vortrug. Gewaltig sind die unterirdischen Steinbrüche, aus denen Griechen und Römer den gelblichen Tuffstein für ihre Bauten holten. Weitere Eingänge zu Napoli Sotteranea befinden sich an der Piazza Trieste e Trento und Piazza Plebiscito. Über die Via Tribunali und die Via Duomo geht es nun zum **Duomo San Gennaro** (24) (Via Duomo 147, Mo–Sa 8.30–13.30 und 14.30–19.30, So/Fei 8–13 und 16.30–19.30 Uhr). Karl I. von Anjou, Bruder des französischen Königs Ludwig IX., zog 1268 als Sieger über das staufische Heer in Neapel ein. Willenskraft und Fantasie waren vonnöten, um die Errichtung dieses Doms in Angriff zu nehmen. Auf dem ausgewählten Grund befanden sich Reste vom Tempelbezirk der römischen Agora, zwei frühchristliche Kirchen, mehrere Kapellen und Krypten. Schließlich wurde Neapels größte und prächtigste, ursprünglich im Stil der französischen Gotik erbaute Kirche zu einem unregelmäßigem Komplex, dessen Stilvielfalt verwirrt. An die nördliche Längswand des verwinkelten Bauensembles schließen Neapels ältestes Gotteshaus, die Basilica di Santa Restituta, und das Battistero aus frühchristlicher Zeit an. Die südliche Längswand öffnet sich zur Cappella del Tesoro di San Gennaro. Vom ursprünglichen Dom ist nur noch das *Mittelportal* erhalten, das sich in eine neogotische Fassade fügt. Die Grabmonumente für Karl I. von Anjou, den

San Gennaro – ein Heiliger für alle Fälle

Der magische Ort, an dem die Frommen Neapels sich treffen in der Hoffnung, mit ihren kleinen und großen Anliegen göttliches Gehör zu finden, ist die **Cappella del Tesoro di San Gennaro** im Dom der kampanischen Metropole. Nie war die Frömmigkeit der Neapolitaner introvertiert. Mit ihrem Stadtheiligen *San Gennaro* stehen sie seit Jahrhunderten auf Du und Du. Er war Bischof von Benevent und starb 305 n.Chr. den Märtyrertod, zu einer Zeit, als Kaiser Diokletian den Jupiterkult zu neuem Leben erweckte.

Il Miracolo, das zweimal jährlich (Anfang Mai und am 19. September) zu erwartende *Blutwunder*, betrachten sie längst als göttliche Selbstverständlichkeit. Wenn der Kardinal an den Januarius-Festtagen der silbernen Schatztruhe unter der vergoldeten Heiligenbüste das kostbare Reliquiar mit den beiden Ampullen entnimmt, halbvoll mit vertrocknetem Märtyrerblut, steigt die Spannung im Dom. Innig ersehnt die Menge der Gläubigen eine Verflüssigung der dunklen Substanz. Geschieht das Wunder unverzüglich, ist Kampaniens Welt in Ordnung. Lässt es auf sich warten oder ereignet es sich – was jedoch nur ganz selten geschieht – gar nicht, herrscht gedrückte Stimmung im ganzen Land.

Das Ausbleiben des Beweises göttlicher Gewogenheit gilt allemal als Unglückszeichen. Das Wunder zu erzwingen, das vermochte bisher einzig ein General Napoleons, indem er den Erzbischof mit dem Tod bedrohte – vor solcherlei Verzweiflungstaten schreckte die neapolitanische Volksseele selbst in größter Sehnsucht und Verbitterung noch stets zurück. Zahlreiche Neapolitaner versuchen jedoch, die Enttäuschung ihrer Hoffnungen mit Liebesentzug zu quittieren, indem sie sich am nächsten Feiertag der dem Miracolo vorausgehenden Prozession nicht anschließen – was andererseits keineswegs heißt, dass sie am Ende nicht dennoch wieder in gespannter Erwartung in den Dom strömen.

Täglich ist Markt auf der Piazza Pignasecca am westlichen Ende des Spaccanapoli

Ungarnkönig Karl Martell und Clementia von Habsburg an der Innenwand schuf der Tessiner Baumeister Domenico Fontana erst drei Jahrhunderte nach dem Tod der drei Herrscher. Das *Hauptschiff* ist von den Seitenschiffen durch spitzbogige Arkaden getrennt und hat eine barocke Kassettendecke mit eingefügten Gemälden. Die Wände zieren Gemälde mit Heiligen von Luca Giordano.

Links vom Portal geht man zunächst in die *Basilica di Santa Restituta*. Konstantin der Große gab sie im Jahre 320 in Auftrag. Doch wurde sie im Frühmittelalter stark verändert. Zurück im Hauptschiff sollte man sich unbedingt die *Cappella di San Lorenzo* links vom Chor mit einem Fresko aus dem 14. Jh. und die in gotischen Formen erhaltene *Cappella Minutolo* mit Apostelfresken aus dem 13. Jh., mehreren Grabdenkmälern und einem schönen Mosaikfußboden anschauen. Rechts von der Apsis liegt das *Battistero San Giovanni in Fonte* (4./5. Jh.), das von einer mit Mosaiken verzierten Kuppel dominiert wird. Hauptanziehungspunkt des Doms ist die frühbarocke *Cappella di San Gennaro*. Sie wurde ab 1608 nach Entwürfen von Francesco Grimaldi erbaut und ist mit kostbarem Marmor verkleidet. Hinzu kommen zahlreiche Skulpturen sowie Fresken des Domenichino und des Spaniers Jusepe de Ribera. Die Kuppel malte Giovanni Lanfranco aus. Die gesamte Ausstattung ist auf die vergoldete *Reliquienbüste* ausgerichtet, die den Schädel von San Gennaro, des hl. Januarius, enthält. In zwei Glasampullen wird das *Blut* des Heiligen aufbewahrt, das sich alljährlich im Mai und September auf wunderbare Weise verflüssigt (s. links). Die *Area Archeologica* (Mo–Sa 9.30–12 und 16.30–19, So/Fei 8–12 Uhr) im Untergeschoss präsentiert Reste von Vorgängerbauten aus griechischer und römischer Zeit.

Das benachbarte **Museo del Tesoro di San Gennaro** (Tel. 081 29 49 80, www.museosangennaro.com, tgl. 9–17 Uhr) präsentiert den Kirchenschatz und gewährt Zugang zu der von Luca Giordano 1668 prächtig freskierten Sakristei.

Die Via dei Tribunali führt direkt auf das **Castel Capuano** 25 zu. Normannenkönig Wilhelm I. errichtete das Kastell zum Schutz vor inneren und äußeren Feinden. Kaum war die vierflügelige Anlage fertiggestellt, wurde sie von den Staufern als Burg übernommen. Sie blieb Residenz unter wechselnden Herren, bis die Spanischen Vizekönige in den Palazzo Reale umzogen und das Castel zum Justizpalast bestimmten. In der freskengeschmückten *Cappella Sommaria* beteten die Obersten Richter einst um göttlichen Beistand, ehe sie Urteile sprachen.

An der nahen Piazza Porta Capuana steht die als Stadttor und Triumphbogen für Ferdinand II. von Aragon erbaute **Porta Capuana** 26. Zwei düstere Rundtürme der alten Stadtmauer, *Onore* (Ehre) und *Virtù* (Tugend) genannt, rahmen das marmorne Renaissancetor, das Giuliano da Maiano im Jahr 1484 entwarf.

Durch die Via Carbonara gelangt man zum **Museo d'Arte Contemporanea Donna Regina**, kurz **MADRE** 27 (Via Settembrini 79, Tel. 08119313016, www.madre napoli.it, Mo, Mi–Sa 10–19.30, So 10–20 Uhr, Kasse schließt 1 Std. früher). Der portugiesische Architekt Alvaro Siza verwandelte 2005 den Palazzo Donnaregina aus dem 19. Jh. in lichtdurchflutete Räumlichkeiten, in welchen neben großen Installationen zeitgenössische Malerei und Skulptur von Warhol, Rauschenberg, Beuys und anderen Künst- lern eine beeindruckende Wirkung entfalten. Raum für Wechselausstellungen bietet zudem die Kirche Santa Maria Donnaregina, deren gotische Formen mit den Kunstwerken der Moderne einen spannungsvollen Dialog eingehen.

Vom Museo Archeologico Nazionale zum Capodimonte

Folgt man der Via Settembrini, gelangt man zur Piazza Cavour und in wenigen Schritten zum Museo Archeologico. Soldaten und Pferde sollten im 16. Jh. das als Kaserne großzügig konzipierte Gebäude bewohnen. Im 17. Jh. dann wurde es zur Universität umgebaut und im 18. Jh. TOP TIPP zum **Museo Archeologico Nazionale** 28 (Piazza Museo Nazionale 19, Tel. 0814422149, http://cir.campania.beni culturali.it/museoarcheologiconazionale, Mi–Mo 9–19.30 Uhr) umfunktioniert. Den Grundstock des Museums bildete die Antikensammlung, die Karl III. 1735 von den Farnese aus Parma geerbt hatte. Durch die Aufnahme der Funde aus Pompeji, Herculaneum und Cuma, die Eingliederung der Borgia-Kollektion mit etruskischer und ägyptischer Kunst und der Santangelo-Kollektion alter Münzen entstand eine der bedeutendsten Antikensammlungen der Welt.

Kunst der Gegenwart in der gotischen Kirche Santa Maria Donnaregina

Das Erdgeschoss (Piano Terra) ist überwiegend der römischen Skulptur gewidmet. Großartige Stücke aus Pompeji und Herculaneum findet man im *Atrio*. Im rechten Flügel des Hauses, in der *Galleria dei Tirannicidi* (Galerie der Tyrannenmörder) und in der *Galleria dei Grandi Maestri*, werden die Stilphasen der antiken Kunst anhand römischer Kopien griechischer Meisterwerke verdeutlicht. Glanzstücke sind hier die ›Tyrannenmördergruppe‹, welche die beiden griechischen Heroen Aristogeiton und Harmodios bei ihrem Befreiungsschlag zeigt, und das melancholisch-schöne Relief eines Abschieds, ›Orpheus und Euridyke‹. In den anschließenden Räumen brillieren Skulpturen wie der kraftstrotzende ›Hercules Farnese‹ und die bewegte Gruppe der Tierbändiger rund um den ›Farnesischen Stier‹ aus den Caracalla-Thermen in Rom.

Die *Collezione di Gemme* im rechten Flügel ganz rechts zeigt feingearbeitete Gemmen und Kameen aus dem Besitz von Cosimo und Lorenzo di Medici.

Im *Souterrain* (Piano Seminterrato) bietet die Sammlung *Epigrafi* griechische, oskische, etruskische und lateinische Inschriftentafeln von hohem wissenschaftlichen Wert. Nachrichten des 4. Jh. v. Chr. aus der griechischen Kolonie Heraclea am Golf von Tarent etwa liefern die bronzenen ›Tavole di Eraclea‹.

Die folgenden Säle präsentieren die *Collezione Egiziana*, die Ägyptologische Sammlung, mit Kunst- und Kulturobjekten aller Epochen vom Alten Reich (2700–2200 v. Chr.) bis hin zum ptolemäisch-römischen Zeitalter.

Größtes Interesse erregt die Abteilung *Mosaici* im *Zwischengeschoss* (Piano Ammezzato). Hier sind die schönsten Mosaiken aus Pompeji, Herculaneum und Stabiae versammelt. Sie stammen aus der Zeit vom 2. Jh. v. Chr. bis 79 n. Chr. Berühmtestes Exponat ist die 5,82 x 3,13 m große ›Alexanderschlacht‹ aus der pompejanischen *Casa del Fauno* [s. S. 94]. Das Mosaik, Kopie eines griechischen Gemäldes aus dem 3. Jh. v. Chr., zeigt den dramatischen Moment, als sich der zu Pferde flüchtende Perserkönig Darius III. mit

Wandeln unter Göttern und Kaisern – Skulpturenreigen im Museo Archeologico Nazionale

angsterfülltem Blick zu Alexander umwendet. Die Rechte hat Darius flehend ausgestreckt, als wolle er dem Geschehen Einhalt gebieten, doch ach, zu spät, denn Alexander hat den Gefolgsmann des Persers schon längst mit einem langem Speer durchbohrt.

Friedlichere Vorkommnisse locken in das *Gabinetto Segreto* mit den erotischen Darstellungen aus Pompeji, die nach ihrer Entdeckung aus moralischen Gründen lange unter Verschluss gehalten wurden.

In einigen Sälen des *Obergeschosses* (Primo Piano) sind Statuen und Wandmalereien aus der *Villa dei Papiri* [s. S. 87] von Herculaneum aufgeboten, darunter die dynamisch dahinstürmenden Bronzefiguren zweier jugendlicher Läufer.

Die Abteilung *Magna Graecia* umfasst Modelle der Tempel von Paestum, Vasen, Terrakotten und Plastiken aus den griechischen Kolonien Süditaliens. Die *Sezione Topografica* wartet mit Funden aus Cuma und Pithekoussai (Ischia) auf. Im rechten Flügel bietet die *Collezione Affreschi* römische Wandgemälde des 2. pompejanischen Stils [s. S. 95] aus der *Villa in Boscoreale*. Es sind rotgrundige Kompositionen mit romantischen Landschaften, verträumten Architekturprospekten und mystisch-versonnenen Figuren.

Die Abteilung *Tempio di Iside* präsentiert Malereien aus dem gleichnamigen Tempel in Pompeji sowie Statuen, Silberwaren, Keramik, Gläser, Waffen und Gladiatorenausrüstungen der Vesuvstädte.

Vom Archäologischen Museum führen die Via Santa Teresa degli Scalzi und der Corso Amadeo di Savoia zum Hügel Capodimonte. Linkerhand, über die Via di Capodimonte, kommt man zu den **Catacombe di San Gennaro** 29 (Tel. 08 17 44 37 14, www.catacombedinapoli.it, Führungen Mo–Sa 10–17, So/Fei 10–14 Uhr jeweils zur vollen Stunde). Die unterirdische Grabstätte aus dem 2. Jh. ist auf zwei Ebenen zugänglich. Hier war einst auch der Stadtheilige San Gennaro bestattet. Einige Grabmäler weisen frühchristliche Wandmalereien auf.

Eine Treppe führt von der Via di Capodimonte zum **Palazzo di Capodimonte** 30. Die Jagd war die größte Passion Karls III. von Bourbon, die *Farnese-Sammlungen* von Parma fielen ihm auf dem Erbweg zu. Um beides zu vereinen, wurde aus dem geplanten Jagdschlösschen auf dem grünen Hügel ein repräsentativer *Palazzo Reale* übervoll mit Kunst. Das heutige **Museo e Gallerie Nazionali di Capodimonte** (Via Miano 2, Tel. 08 17 49 91 11, www.museocapodimonte.beniculturali.it, Do–Di 8.30–19.30 Uhr) präsentiert in der Gemäldegalerie Meisterwerke des 13.–20. Jh., darunter Masaccios ›Kreuzigung Christi‹ (1426), Tizians ›Danae‹ (1545) und ›Papst Paulus III. mit seinen Neffen Alessandro und Ottavio Farnese‹ (1546) sowie ›Der Blindensturz‹ (1568) von Pieter Brueghel d. Ä. Den glanzvollen Reigen setzen Gemälde von Rembrandt, Michelangelo, Vasari, Bellini, Raffael, Botticelli, Caravaggio und El Greco fort.

TOP TIPP

Freizeitfreuden vor wahrhaft herrschaftlicher Kulisse – Palazzo und Parco di Capodimonte

Die Sammlung moderner Kunst umfasst Arbeiten von Alberto Burri, Jannis Kounellis und Andy Warhol. Hinzu kommt exquisites Kunsthandwerk. Herrlich ist auch der **Parco di Capodimonte**, hier wurde Natur komponiert wie ein Bild. Aus weiten Rasenflächen, Alleen und Wäldchen entstand eine 7 km^2 große Idylle auf einem Stadthügel. In der einst im Park angesiedelten *Real Fabbrica delle Porcellane*, der Königlichen Porzellanmanufaktur, ist heute ein Fachinstitut für Keramik und Porzellan untergebracht.

Porzellanlust

Porzellan kam im 16. Jh. aus China nach Europa. Die blau-weißen Porzellane, im 17. Jh. durch grünes, im 18. Jh. durch rosa Dekor ergänzt, weckten bei Königen und Fürsten große Sammelleidenschaft. Die erste europäische Porzellanmanufaktur entstand 1710 in Meißen im Auftrag Augusts des Starken. Neapels König Karl IV. von Bourbon besaß Meissener Porzellan aus der Mitgift seiner Frau Marie Amalie von Sachsen und gründete 1743 im Park von Capodimonte die Real Fabbrica delle Porcellane. Ein Traum aus 3000 weißgrundigen, überreich mit Blütenranken, Vögeln und chinesischen Genreszenen geschmückten Porzellanplatten ist der 1757–59 gestaltete *Portici-Salon* (Saal 52) von Capodimonte. Karl. IV. machte den zarten, wie schwebend wirkenden Raum seiner sächsischen Frau zum Geschenk. Lange allerdings konnte sie die Kostbarkeiten nicht genießen. Im Jahr der Fertigstellung wurde Karl IV. spanischer König und verließ Neapel. Bei der Abreise nahm er jedoch alle Gerätschaften seiner Manufaktur mit nach Madrid, um dort weiter der Porzellanlust frönen zu können.

Castel dell'Ovo und Capo Posillipo

TOP TIPP Die kleine Halbinsel aus Tuffstein und das **Castel dell'Ovo** 31 (Mo–Sa 9–19, So 9–14 Uhr, Tel. 08 17 95 61 80) am südlichen Ausläufer des Pizzofalcone-Hügels blicken auf eine lange Geschichte zurück. Entdeckt wurde das Kap von den Griechen, später diente es Lucullus als Bauplatz, Mönchen als *Retiro*, den Staufern als Kerker. Anjou und Aragonier flüchteten sich hierher in ihr Schloss. Die Vizekönige und Bourbonen errichteten eine Festung, in der heute ein Kongresszentrum residiert. Das Kastell ist durch eine *Mole* mit dem Festland verbunden. Der **Borgo Marinari** wurde einst durch Aufschüttungen gewonnen. Heutzutage halten in dem alten Fischerviertel Restaurants die besten Logenplätze besetzt.

Die Via Partenope mündet in die Via Caracciolo des eleganten Chiaia-Viertels am Ufer des Golfs. Hier breitet sich auch die **Villa Comunale** 32 aus, ein schöner Park mit *Stazione Zoologica Anton Dohrn* und **Acquario** 33 (Tel. 08 15 83 32 22, www.szn.it). Aufgrund einer temporären Wartung wird das Acquario die Pforten erst Ende Sommer 2017 öffnen. Dann sind im ältesten Aquarium der Welt [s. S. 33] wieder die Bewohner der Küstengewässer zu bestaunen. Öffnungszeiten sind der Webseite zu entnehmen.

Von hier gelangt man zum **Palazzo delle Arti Napoli – PAN** 34 (Via dei Mille 60, Tel. 08 17 95 86 52, Mo, Mi–Sa 9.30–19.30, So 9.30–14.30 Uhr), dem einstigen Palazzo Roccella, der Kunst des 20./21. Jh. präsentiert.

Die Uferstraße führt weiter nach **Mergellina**, einem einstigen Fischerort. Hier kann man in der **Chiesa Santa Maria del Parto** 35 das Gemälde ›Der Teufel von Mergellina‹ (1542) von Leonardo da Pistoia besichtigen. Es zeigt, wie Kardinal Diomede Carafa sich gegen die Versuchung durch eine neapolitanische Dame wehrt. Im Presbyterium wird eine ›Anbetung der Heiligen Drei Könige‹ verwahrt, die von Jan van Eyck stammen soll.

Und noch einmal Carafa: Der imposante **Palazzo di Donn'Anna** 36 aus dem 17. Jh. an der Via Posillipo war ein Geschenk des Spanischen Vizekönigs an seine Geliebte und spätere Gattin Anna Carafa. Nach ihrem Tod bleib der Bau unvollendet. Die Via Posillipo umrundet das **Capo Posillipo** 37. Lohnend ist ein Abstecher über die Via Marechiaro zum Fischerdorf **Marechiaro** 38 mit seinen stimmungsvollen Restaurants. Die Straße führt weiter zur **Isola di Nisida** 39, auf der Marcus Brutus, Cäsars Mörder, eine Villa besaß. Besonders schön ist die kleine Bucht *Porto Paone* zu Füßen eines erloschenen Vulkans. Weiter nordöstlich, in **Bagnoli**, bietet die **Città della Scienza** 40 (Via Coroglio 104 und 57, Tel. 08 17 35 22 20, www.cittadellascienza.it, Di–Sa 9–15, So/Fei 10–17 Uhr), ein Wissenschafts- und Technologiemuseum, Erlebnisse für große und kleine Besucher. Trotz eines verheerenden Brandes im März 2013 konnte das Ausstellungsprogramm noch im selben Jahr wieder aufgenommen werden.

i Praktische Hinweise

Information

AASCT, Via San Carlo 9, Neapel, Tel. 081 40 23 94, Piazza del Gesù, Neapel, Tel. 08 15 51 27 01, www.inaples.it

EPT, Piazza dei Martiri 58, Neapel, Tel. 08 14 10 72 11, www.eptnapoli.info

Campania Artecard

Campania Artecard, Tel. 06 39 96 76 50, 800 60 06 01 (in Italien), www.campaniaartecard.it.
3 oder 7 Tage gültiges Kombiticket für vergünstigten Eintritt in Museen und zu Archäologischen Stätten in Neapel und Kampanien sowie Ermäßigungen bei Stadttouren und die freie Nutzung öffentlicher Verkehrsmittel.

Flughafen

Aeroporto Napoli-Capodichino, Neapel, Tel. 08 17 89 61 11, www.aeroportodinapoli.it. Etwa 7 km vom Stadtzentrum. Der ALI-Bus pendelt zwischen Flughafen, Piazza Garibaldi und Piazza Municipio.

Bahnhöfe

FS Trenitalia, Tel. 89 20 21, www.trenitalia.com. Neapel hat drei Bahnhöfe, den Hauptbahnhof Stazione Centrale an der Piazza Garibaldi, Mergellina im Hafen und Campi Flegrei in Fuorigrotta.

Das älteste Aquarium der Welt

Der Stettiner Naturforscher **Anton Dohrn** (1840–1909) richtete 1872–74 in Neapel ein Meeresbiologisches Forschungsinstitut mit Aquarium in der Grünanlage Villa Comunale im Chiaia-Viertel ein. Über 200 Arten der Meeresfauna und Meeresflora aus den Gewässern des **Golfs von Neapel** sind in diesem ältesten Wasserzoo der Welt vertreten. Bezaubernd Schönes und erschreckend Hässliches, erstaunlich Farbenprächtiges und unwirklich Skurriles lebt hier dicht nebeneinander, ein Umstand, den Curzio Malaparte in ›Die Haut‹ (1949) spannend ausmalte. Noch heute blickt man fasziniert in die Tiefe des Meeres, das sich, von Neapel aus gesehen, weniger idyllisch darbieten mag als im 19. Jh. Die veränderten Umweltbedingungen sind eine Herausforderung für Wissenschaftler wie Anton Dohrn es war, dessen meeresbiologische Studien als Vorstufe zur modernen Verhaltensforschung gelten.

In den Becken des Acquario treiben die Bewohner des Golfs schönste Blüten

Häfen

Neapel besitzt mehrere Häfen. Die größte Hafenanlage ist der **Porto di Napoli** mit wichtigen Anlegestellen:

Molo Beverello, am Fuße des Castell Nuovo, ist Ausgangspunkt für *aliscafi* (Schnellboote) verschiedener Gesellschaften nach Ischia, Procida, Capri und Sorrent (Transfer von Flughafen mit Alibus).Terminal Napoli Tel. 08 15 51 44 48.

Porto Calata di Massa ist Neapels neuer Seebahnhof, Tel. 08 15 80 00 16. Die Gesellschaften CAREMAR und MEDMAR fahren mit Fähren und Tragflügelbooten nach Ischia, Procida und Capri.

Molo Angiuino gilt als Terminal für Kreuzfahrtschiffe und verfügt über entsprechend großzügige Einrichtungen.

Porto Mergellina, der kleine Jachthafen, etwa 3 km von Molo Beverello entfernt, ist Ausgangspunkt für aliscafi nach Ischia, Procida und Capri.

Porto Pozzuoli bietet schnelle Schiffsverbindung mit Ischia.

Öffentliche Verkehrsmittel

Die meisten **Busse** (www.anm.it) von der Stazione Centrale erschließen die Hauptsehenswürdigkeiten Neapels.

Es gibt drei **U-Bahn-Linien**. *Linie 1* (Metro dell'Arte) fährt seit 2014 auch über die futuristisch neu gestaltete und sehr sehenswerte Station am Hauptbahnhof (Stazione Centrale, Piazza Garibaldi) und durch das Zentrum zum Stadtteil Vomero, *Linie 2* berührt ebenfalls die Station Hauptbahnhof und verbindet Gianturco mit den Campi Flegrei und Pozzuoli. *Linie 6* fährt von Mergellina nach Mostra. Viele Stationen, die meisten davon auf der Linie 1 zwischen Vanvitelli und Toledo, sind mit modernen Werken künstlerisch ausgestaltet. Sie werden auch als *stazioni dell'arte* bezeichnet.

Drei **Standseilbahnen** verbinden die Innenstadt mit dem erhöht gelegenen Vomero-Viertel. Die Linea Centrale startet in der Via Toledo, die Linea Chiaia in der Via del Parco Margherita, die Linea Montesanto an der Piazza Montesanto. Die Bergstationen sind über Rolltreppen miteinander und mit der U-Bahn-Station

Blick in die Unterwelt – Camorristi und Scippatori

Die Lockerung der Sozialstrukturen, die Überfüllung der Städte, Arbeitslosigkeit und geringe Einkommen bringen immer wieder Nachwuchs für das organisierte Verbrechen hervor. Die Mafia, in Neapel **Camorra** genannt, hat ihre Wurzeln im 17. Jh., als die Spanier Geheimbundmitglieder beauftragten, von den Neapolitanern Geld einzutreiben. Es war nur eine Frage der Zeit, bis sich die Geldeintreiber verselbstständigten. In der Ära der Bourbonen stellte die Camorra eine Art besoldete **Ordnungsmacht** in Gefängnissen, Spielhöllen, Bordellen und weiteren finsteren Winkeln der Stadt dar. Sie kaufte auch junge Männer für den Militärdienst ein, die reichen, aber unwilligen Wehrpflichtigen als Stellvertreter dienten.

Die Organisation wurde selbst reich, ihr Einfluss wuchs, sie drang in alle Kanäle des **Geldwesens**, in öffentliche Institutionen, in Verwaltung und Politik ein und schuf sich damit ein Heer von Tributzahlern. Schon im 19. Jh. hatte die Camorra Neapel fest im Würgegriff. Sie genoss Respekt und verbreitete Furcht: Bösewichte schützten vor Bösewichten. Mit einem kaum entflechtbaren Netz von Firmenpächtern und Unterpächtern gelangte die Camorra zu einer unheuren **Wirtschaftsmacht**. Die Höhe der ständig fließenden Zahlungen lässt sich kaum abschätzen. Drogen- und Waffenhandel, Schmuggel, Produktfälschungen und illegale Müllentsorgung sind weitere Einnahmequellen. Immer wieder flammen blutige Bandenkriege auf. Wie groß der wirtschaftliche und gesellschaftliche Einfluss der Camorra ist, beschreibt Roberto Saviano in seinem Bestseller ›**Gomorrha**‹ (2006).

Wer als Besucher in die Stadt kommt, wird mit der organisierten Kriminalität kaum in Berührung kommen, denn deren Machenschaften spielen sich in anderen Sphären ab. Erhöhte Wachsamkeit ist jedoch gegenüber den **Scippatori**, den Langfingern auf Mofas und Motorrädern, und den listigen Meisterdieben nötig. Die beste Vorsorge ist hier, wie in so vielen Großstädten der Welt: Man verwahre alles, was einem wertvoll ist, im Hotelsafe.

Vanvitelli der Linea 1 verbunden. Eine vierte Linie führt vom Porto Mergellina nach Westen zur Via Manzoni.

Eine **Tageskarte** (Biglietto Giornaliero) lohnt sich Mo–Fr ab der vierten, Sa/So/Fei (Biglietto Weekend Giornaliero) ab der dritten Fahrt. Bei der Campania Artecard für drei Tage (www.campaniartecard.it) sind die Busse und Bahnen in Neapel und Region eingeschlossen.

Oper, Theater und Konzerte

Teatro di San Carlo, Via San Carlo 98/F, Neapel, Tel. 08 17 97 23 31 412, www.teatrosancarlo.it. Renommiertes Opernhaus.

Teatro Bellini, Via Conte di Ruvo 14, Neapel, Tel. 08 15 49 12 66, www.teatrobellini.it. Einst Oper, heute Sprechtheater.

Conservatorio San Pietro a Majella, Via San Pietro a Majella 35, Neapel, Tel. 08 15 64 44 11, www.sanpietroamajella.it. Konzerte in zwei Hallen.

Teatro Mercadante, Piazza Municipio 1, Neapel, Tel. 08 15 51 03 36, www.teatrostabilenapoli.it. Oper, Schauspiel, Ballett.

Teatro Diana, Via Luca Giordano 64, Neapel, Tel. 08 15 56 75 27, www.teatrodiana.it. Musiktheater und Konzerte.

Teatro Sannazaro, Via Chiaia 157, Neapel, Tel. 081 41 88 24, www.teatrosannazaro.it. Neapolitanische Komödien.

Hotels

*******Grand Hotel Vesuvio**, Via Partenope 45, Neapel, Tel. 08 17 64 00 44, www.vesuvio.it. Nobles Ambiente, bezauberndes Restaurant *Caruso Roof Garden*.

******Miramare**, Via Nazario Sauro 24, Neapel, Tel. 08 17 64 75 89, www.hotelmiramare.com. Hotel in einem alten Palast an der Küstenpromenade mit traumhaften Ausblicken auf den Golf.

******Villa Capodimonte**, Salita Moiariello 66, Neapel, Tel. 081 45 90 00, www.villacapodimonte.it. Ruhiges Hotel mit Park in den Hügeln von Capodimonte.

*****Chiaia de Charme**, Via Chiaia 216, Neapel, Tel. 081 41 55 55, www.hotelchiaia.it. Charmantes altes, restauriertes Haus, ruhig und sauber.

TOP TIPP *****Rex**, Via Palepoli 12, Neapel, Tel. 08 17 64 93 89, www.chiaiahotel.com. Sehr zentrale Lage, zwischen Meer und Altstadt. Saubere und modern eingerichtete Zimmer zu fairen Preisen.

Caffè Gambrinus – Ernest Hemingway und Jean Paul Sartre waren hier zu Gast

Freundliches Personal rundet den Besuch ab.

Restaurants

'A Fenestella, Via Marechiaro 23, Neapel, Tel. 08 17 69 00 20, www.afenestella.it. Nobles Lokal am Capo Basilico mit Terrasse (Di geschl.).

TOP TIPP **Amici Miei**, Via Monte di Dio 77/78, Neapel, Tel. 08 17 64 60 63, www.ristoranteamicimiei.com. Neapolitanische Küche in traditionellem Ambiente unweit der Piazza del Plebiscito. Besonders beliebt sind die Fleischgerichte (So Abend, Mo sowie Juli/Aug. geschl.).

La Cantinella, Via Cuma 42, Neapel, Tel. 08 17 64 86 84, www.lacantinella.it. Hochgelobte Küche an der Uferpromende von Santa Lucia (So Abend geschl.).

La Chitarra, Rampe San Giovanni Maggiore 1b, Neapel, Tel. 08 15 52 91 03, www.osterialachitarra.it. Originelles Lokal des neapolitanischen Sängers Luigi Maiorano (So geschl.).

Tandem, Via Giovanni Paladino 51, Neapel, Tel. 081 19 00 24 68, www.tandem.napoli.it. Viele Ragout-Spezialitäten auf engem Raum. Für Vegetarier gibt es Gemüse-Varianten.

Pizzerien

Brandi, Salita Sant'Anna di Palazzo 1, Neapel, Tel. 081 41 69 28, www.brandi.it. Pizza mit den erstaunlichsten Belägen.

Da Michele, Via Sersale 1, Neapel, Tel. 08 15 53 92 04, www.damichele.net. Schlangestehen für Pizza Margherita und Pizza Marinara (So geschl.).

Von Neapel bis Cuma – im Banne der Brennenden Felder

Das ewige Spiel vulkanischer Aktivitäten ließ in den ›brennenden Feldern‹, den **Campi Flegrei** im Umland von Pozzuoli, zwischen Meer und sanften Anhöhen, eine sich ständig verändernde Landschaft entstehen. Blubbernde Schlammtümpel wechseln mit grünen, nach Rosmarin und Thymian duftenden Hügeln, lebhafte Orte mit markanten Tuffsteinfelsen. Römische Imperatoren und die Hautevolee einer dekadenten Ära stritten sich hier in der Antike, den ersten beiden nachchristlichen Jahrhunderten, um die besten Lagen für luxuriöse **Sommersitze**. An der Strada Costiera von Neapel nach Cuma reihen sich die Orte einstiger Größe wie Pozzuoli, Baia, Bacoli und Miseno aneinander.

2 Pozzuoli

An den halbversunkenen Säulen des Tempio di Serapide lässt sich der ›Fieberstand‹ im Erdinneren ablesen.

Vom Capo di Posillipo bis zum Capo Miseno erstreckt sich der **Golfo di Pozzuoli**, eine weite Nebenbucht des Golfo di Napoli. Das Einzigartige, Erstaunliche und Tragische an Pozzuoli ist, dass die *Hafenstadt* über der in Aufruhr befindlichen Magmakammer eines lange erloschen geglaubten Vulkans steht und immer wieder von Erdbeben geplagt und von Evakuierungen bedroht ist. Ungeachtet dessen ist der Hauptort der **Campi Flegrei** heute ein lebhafter Handels- und Industrieplatz.

Geschichte Pozzuoli wurde 528 v. Chr. von Flüchtlingen aus Samos als *Dikaiarchia*, Stadt der Gerechtigkeit, gegründet. Anfangs war es von Cuma abhängig, unterlag 421 v. Chr. den Kampaniern und 338 v. Chr. den Römern. Die neuen Herren wussten die Lage der Siedlung zu schätzen, erhoben den ersten Hafen des Imperiums 194 v. Chr. als Puteoli, Kleiner Brunnen, zur Kolonie und zum Zentrum des *Orienthandels*. Mit dem Bau des Hafens von Ostia bei Rom im 2. Jh. n. Chr. verlor die einst so blühende, weltoffene Stadt, in der exotische Waren und gewagte Ideen zirkulierten, an Bedeutung. Der *Bradyseis-*

Teufelsküche – Schwefeldämpfe steigen aus Schlünden am Vulcano Solfatara, Pozzuoli

mus [s. S. 42], die Heb- und Senkbewegung der Erde, setzte der Bausubstanz immer wieder zu. Doch die Bewohner ließen sich nicht beirren, selbst nach einer schrecklichen Serie von *Erdbeben* 1538 und nachdem mit viel Getöse und Feuer ein neuer Berg, der *Monte Nuovo*, urplötzlich aus dem Boden gewachsen war, kehrten sie Pozzuoli nicht den Rücken. Und dabei ist es bis heute geblieben, wenngleich die unruhige Erde dafür sorgt, dass zahlreiche Häuser baufällig und zerbrechlich wirken.

Besichtigung Die malerisch gelegene Altstadt **Rione Terra** 1 (www.rioneterra.it, engl.-sprachige Führungen Sa/So, Anmeldung vorher an der Infothek Terra Rione 9–17 Uhr oder telefonisch buchbar von Mo–Fr, 9–12 Uhr unter 081 19 93 62 87) auf dem senkrecht ins Meer abfallenden Tuffhügel, Schicht für Schicht zweieinhalb Jahrtausende lang überbaut, wird seit Jahren restauriert. Die aktuelle Finanzkrise verzögert die Fertigstellung der Arbeiten. Das schwere *Erdbeben* von 1980 hatte große Zerstörungen in den dicht bebauten Treppengassen verursacht. Der Burghügel über der Altstadt trug nacheinander eine griechische Akropolis, einen römischen Augustus-Tempel und eine frühchristliche Kirche, auf deren Resten im 11. Jh. der **Duomo San Procolo** 2 errichtet wurde. Die im 17. Jh. barockisierte Kirche baute man nach einem Brand 1964 wieder auf.

Über die Via Cavour und den Corso Colombo erreicht man die **Darsena** 3, das Hafenbecken mit seinem lebhaften *Markt* (tgl. 8–13 Uhr) und den kleinen Fischlokalen am Molo, die den Fang des Tages köstlich zubereitet servieren.

Im Anfiteatro Neroniano-Flavio – hier rannen einst Blut, Schweiß und Tränen

Die Via Roma führt zum **Tempio di Serapide** 4. Bei diesem Bauwerk handelt es sich nicht, wie die Archäologen nach Auffindung der Statue des Ägyptergottes Serapis zunächst dachten, um einen Tempel, sondern um die Reste eines Macellums, einer römischen *Markthalle* aus dem 2./3. Jh. n. Chr. Die Säulen und Säulenstümpfe des Tholos genannten Rundbaus und die drei *Cippolino-Säulen* der Apsis mit ihren Bohrmuschelspuren wirken wie Fieberthermometer, welche durch Hebungen und Senkungen die Befindlichkeit des flüssigen Magmas im Erdinneren erahnen lassen. Das eingezäunte, zeitweilig auch unter Wasser stehende Gelände darf nicht betreten werden, kann aber von der Straße oder der Caféterrasse aus betrachtet werden.

Wie eine riesengroße Muschel liegt das **Anfiteatro Neroniano-Flavio** 5 (Via Terracciano 75, Tel. 06 39 96 70 50, Mo–Fr 9–13 und 14–17, Sa 9–14 Uhr) aus dem 1. Jh. n. Chr. in der Oberstadt. 30 000 Kampanier und Römer verlangten im drittgrößten Amphitheater Italiens nach Nervenkitzel, doch das ist blutige, ferne Vergangenheit. Die Ruine, bis auf Reste längst ihrer Arkadengeschosse entblößt, erfüllt den Betrachter nur mehr mit Bewunderung. Eine Meisterleistung römischer Baukunst stellen die gigantischen unterirdischen Gewölbe dar, die mit ihren Requisitenkammern, Käfigen und Falltüren die perfiden Abläufe der *Venationes* (Kämpfe zwischen Mensch und Tier) noch heute erahnen lassen. Dem Bischof von Benevent, *San Gennaro*, allerdings krümmten die Bestien kein Haar, sie gebärdeten sich wundersamer Weise wie Schmusekatzen [s. S. 28]. Kaiser Diokletian, dem Erneuerer des antiken Jupiterkults, blieb nichts anderes übrig, als den zukünftigen *Schutzpatron von Neapel* unweit der Solfatara enthaupten zu lassen. Der Stein, auf dem der Kopf des Heiligen lag, wird in dem 1580 errichteten **Santuario San Gennaro** 6 (Via San Gennaro Agnano, www.santuariosangennaro.it, tgl. 9–12, 16.30–19 Uhr, Fr vormittag geschl.) in einer Ädikula gezeigt. Pünktlich jeden 1. Samstag im Mai und am 19. September soll das Blut auf dem fleckigen Stein hellrot zu leuchten beginnen.

Lohnend ist ein Abstecher über die Via Solfatara zum **Vulcano Solfatara** (Via Solfatara 161, Tel. 08 15 26 23 41, www.solfatara.it, tgl. 8.30 Uhr bis 1 Std. vor Sonnenuntergang). Die Schwefelgrube, der bekannteste Krater der Campi Flegrei, dessen letzter Ausbruch vermutlich im Jahre

Der Hafen von Pozzuoli im Lichterspiel der untergehenden Sonne

1198 stattfand, trägt vielfältige Zeichen postvulkanischer Aktivität. Ein Rundweg führt an einer alten Heilwasserquelle, *Il Vecchio Pozzo*, vorbei nach *La Fangaia*, wo der Schlamm bei 140 °C kocht, zur *Fumarola Bocca Grande*, die den Schwefeldampf am heftigsten verströmt, zu den beiden Saunagrotten *Le Stufe* und zurück zum Eingang. Hier Nebenwege zu gehen, wäre lebensgefährlich!

Ein Ausflug führt vorbei am Thermalbad Agnano Terme zum **Cratere degli Astroni** (Via Astroni, Tel. 08 15 88 37 20, Fr–So ab 9.30 Uhr zu besichtigen). Im Inneren dieses Ringkraters, den der WWF als Naturoase betreut, wachsen Steineichen, Kastanien, Ulmen und Palmen um den Trichter des Kraters.

Die Küstenstraße von Pozzuoli nach Westen führt am **Monte Nuovo** entlang. Während die Konquistadoren gerade die Neue Welt eroberten, wurde in den Campi Flegrei am 29. September 1538 *Europas jüngster Berg* geboren. Nach acht Tagen war der neue Vulkan 140 m hoch. Sein eigenartiges Profil und der grüne Pinienmantel lassen Gewalt und Schrecken der ungeheuren Eruption gar nicht mehr erahnen, doch sie verwüstete weite Teile der Landschaft und verschüttete die nahen Seen Lago d'Averno und Lago di Lucrino. Das Naturschutzgebiet der *Oasi Naturalistica di Monte Nuovo* (Via Vigilio, Mo–Sa 9 Uhr bis 1 Std. vor Sonnenuntergang, So/Fei 9–13 Uhr) kann man heute auch im Rahmen geführter Wanderungen erkunden.

Für den Dichter Vergil befand sich der Eingang zum Hades im **Lago d'Averno**. Feldherr Marcus V. Agrippa, weniger poetisch als realitätsbezogen, ließ die heilige Stätte der Unterweltgötter 37 v. Chr. von seinem Starbaumeister Lucius Cocceius in einen befestigten *Binnenhafen* umwandeln, dessen schiffbare Kanal- und Tunnelanlagen wie die Arme eines Kraken zum Lago di Lucrino und bis Cuma ausgriffen. Der *Portus Iulius* und seine Werft für die Flotte von Misenum sind längst im Meer versunken. Von Glasbodenbooten aus, die am Wochenende (Mitte Juni–Mitte Sept. auch Fr) im Hafen von Baia starten, kann man die *Strutture Sommerse del Porto Giulio* am Meeresboden betrachten. Der Lago d'Averno und seine grünen Hügel sind heute ein be-

Lago d'Averno – in der Antike Pforte zur Unterwelt

liebtes Ziel für Wochenendurlauber und Freizeitkapitäne aus Neapel.

Praktische Hinweise

Information

AACST, Largo Matteotti 1, Pozzuoli, Tel. 08 15 26 50 68, www.infocampiflegrei.it

Hafen

Caremar, Tel. 081 18 96 66 90, www.caremar.it. Autofähren nach Procida und Ischia.

Hotels

********Complesso Turistico Averno Damiani**, Via Montenuovo Licola Patria 85, Pozzuoli, Tel. 08 18 04 26 66, www.averno.it. Hotel und Bungalows am Monte Nuovo mit Thermalbad, Tennisplätzen, Pools und Reitmöglichkeit.

*****Casafort**, Via Montenuovo Licola Patria 120, Pozzuoli, Tel. 08 15 24 95 50, www.hotelcasafort.it. Hübsches Hotel mit Meerblick und Restaurant.

*****La Tripergola**, Via Miliscola 165, Pozzuoli, Tel. 08 18 04 21 20, www.latripergola.it. Nettes Hotel mit Panoramablick über den Golf bis Capri und Restaurant mit traditioneller Küche.

Camping

*****Vulcano Solfatara**, Via Solfatara 161, Pozzuoli, Tel. 08 15 26 23 41, www.solfatara.it. Guter, schattiger Platz mit eigenem Schwimmbad und Schwefelgeruch.

Restaurants

I Mascalzoni Latini, Corso Umberto I 59, Pozzuoli, Tel. 08 13 03 00 28, www.imascalzonilatini.com. Frischer Fisch direkt am Lungomare, aber auch Pizza.

La Fattoria del Campiglione, Via Vicinale Campana 2, Pozzuoli, Tel. 08 15 26 37 33, www.lafattoriadelcampiglione.it. Die Spezialität: Fleisch vom Holzkohlengrill.

Ristorante di Francia Castello, Via Fascione 4, Pozzuoli, Tel. 08 15 26 79 16, www.difranciacastello.com. Elegantes Lokal, wunderschöner Garten und Terrasse mit herrlicher Aussicht auf den Golf.

Ristorante Ludovico, Via Roma 18, Pozzuoli, Tel. 08 15 26 82 55. Restaurant in Hafennähe mit Meeresfrüchteküche für Feinschmecker (Mo geschl.).

Wie vom eigenen Spiegelbild verzaubert – Statuen im Museo Archeologico dei Campi Flegrei

3 Baia

An der zauberhaften Bucht verbrachte Kaiser Nero seine Ferien.

Das terrassenförmig angelegte Fischerdorf Baia hieß in der Antike *Baiae* und war ein Modebad der römischen Kaiser. Es war glanzvoll, lasterhaft und wurde wie besessen ausgebaut. Als der Grund knapp wurde, ließ man künstliche Molen und Klippen im Meer aufschütten, stellte *Villen* darauf, eine prächtiger als die andere, ihre Eingangstreppen aber wurden beinahe von der Brandung umspült. Am Fuß des Bäderhügels stand in Vorzugslage der *Cäsarenpalast*. Im Laufe der Zeit führten Erdbeben und Vulkanausbrüche dazu, dass die ursprüngliche Küstenlinie bis 10 m unter den Meeresspiegel absank, und Baiae wurde in Wasser, Schlick und Sand begraben. Was nicht vom Meer verschlungen wurde, ist heute im **Parco Archeologico delle Terme di Baia** (Via Sella di Baia 22, Di–So 9 Uhr bis 1 Std. vor Sonnenuntergang) zu besichtigen. Die Reste der prunkvollen Thermenanlage staffeln sich eher unauffällig, von Grün überwuchert den Hang hinauf.

Auf dem von Höhlen durchfurchten Tuffsteinhügel über dem Ort thront das gewaltige, vieleckige **Castello di Baia**. Es wurde 1490, in aragonesischer Zeit, erbaut und unter Vizekönig Don Pedro di Toledo zur wehrhaften Festung erweitert.

TOP TIPP Heute ist hier das **Museo Archeologico dei Campi Flegrei** (Via Castello 39, Tel. 08 15 23 37 97, http://cir.campania.beniculturali.it/museoarcheologicocampiflegrei, Di–So 9–14.30 Uhr, letzter Einlass um 13 Uhr) mit seinen glänzend inszenierten Exponaten aus der griechischen und römischen Antike beheimatet. Die ausdrucksstarken Statuen, fein verzierten Vasen und zahlreichen Architekturfragmente illustrieren die Geschichte von Cuma und Pozzuoli, welche in den Ruinen der Ausgrabungsgelände nur mehr zu erahnen ist. Ein eigener Saal widmet sich den Funden vom Burghügel der Rione Terra. Weitere Höhepunkte der Sammlung sind die Rekonstruktion des Nymphäums, dessen Ruinen an der Punta Epitaffio inzwischen unter dem Meeresspiegel liegen, und das bronzene Reiterstandbild des Domitian-Nerva aus dem Sacellum der Augustalen in Miseno.

Wenn die Erde im Fieber liegt, heben sich die Säulen des Tempio di Serapide in Pozzuoli

Allzu heftig atmet die Erde

An der Küste bei **Baia** erholten sich die römischen Kaiser von den Regierungsgeschäften, hier frönten sie ihrer Verschwendungssucht, inszenierten sie ihre Intrigen, hier planten sie Kriege und befriedigten ihre Gier nach immer abstruseren Exzessen. Längst liegen die Schauplätze dieses sagenumwobenen Lasterlebens am Meeresgrund. Paläste, Villen, Kriegshäfen und Thermen fielen einer geophysikalischen Erscheinung zum Opfer: Die Küste am Golfo di Pozzuoli wird immer wieder von bradyseismischen Bewegungen, unregelmäßigen Hebungen und Senkungen des Bodens, in Mitleidenschaft gezogen.

Der **Bradyseismus** bringt nicht die abrupten Erschütterungen eines Erdbebens mit sich. Die Bewegung der Erdkruste unter seinem Einfluss gleicht eher einem Ein- und Ausatmen. Relativ große **Magmakammern** im Erdinneren wurden von den Vulkanologen als Grund für die bradyseismischen Erscheinungen ausgemacht. Die bisher spektakulärste Bewegung wurde im Jahre 1538 beobachtet, als die Küstenlinie um ganze 6 m angehoben und anschließend der **Monte Nuovo** [s. S. 39] geboren wurde. Gleichsam ermattet von den Geburtswehen, sank sie anschließend wieder um insgesamt 4 m ab. Die kontinuierliche Sinkbewegung, die sich bis auf ein jährliches Niveau von 12 mm verlangsamt hatte, schlug dann im Jahr 1970 plötzlich ins Gegenteil um. In den frühen 1980er-Jahren erreichte die erneute Hebung mit 3 m schließlich einen Höchststand. Zum Glück räumte man damals das am stärksten betroffene Gebiet, den Stadtteil **Rione Terra** in Pozzuoli, rechtzeitig, denn unmittelbar danach setzten auch noch schwere Erdbeben ein.

Seit geraumer Zeit senkt sich der Erdboden wieder. Mit bloßem Auge kann man die Veränderungen am besten im **Tempio di Serapide** von Pozzuoli ablesen, dessen Cippolino-Säulen als Gradmesser geeignet sind [s. S. 38].

i Praktische Hinweise

Information

Pro Loco Baia, Via Lucullo 37, Baia, www.prolocobaia.it, info@prolocobaia.it

Hotel

*****Il Gabbiano**, Via Cicerone 21, Baia, Tel. 08 18 04 02 32, www.ilgabbianohotel.info. Von seiner erhöhten Hügellage bietet das Hotel einen reizvollen Panoramablick. Alle Zimmer sind mit Balkon ausgestattet, zudem verfügt das Haus über ein gutes Restaurant.

Restaurant

Poggio Ruppelt dal Tedesco, Via Bagni di Tritoli 20/22 (1 km von Baia), www.poggioruppelt.com. Beste Landesküche in reizvoller Lage in schönem Garten.

4 Bacoli

Ein Dom? – Nein, eine Glanzleistung römischer Wasserbaukunst.

Bacoli hat zwei Gesichter: das alte, zerfurchte mit engen Gassen und vielen Torbögen im Ortsteil auf dem Vorgebirge und das moderne am Ufer des *Lago di Miseno*. Die Attraktionen übersieht man leicht, für Neugierige und Kenner werden jedoch Schlüssel bereitgehalten. So gelangt man in die **Tomba di Agrippina**, einen altersmüden Flachbau in Strandnähe. Dabei handelt es sich allerdings keineswegs um das Grab der 55 n.Chr. auf Veranlassung ihres Sohnes Nero ermordeten Agrippina, sondern um ein kleines *Theater* aus augusteischer Zeit.

Auch die Gänge im Zisternensystem der *Cento Camerelle* kann man sich aufsperren lassen und die **Piscina Mirabile** (Tel. 08 15 23 31 99, tgl. 9 Uhr bis 1 Std. vor Sonnenuntergang) besuchen. Hier, am Ausgang des Golfs, horteten die Römer das Trinkwasser für ihre Flotte. 72 km weit floss es von den Hirpiner Bergen bis in diese ›wunderbare Zisterne‹, die 12 600 m^3 Wasser fassen konnte. Mit 48 gewaltigen Säulen und den schmalen Wölbungen ähnelt der riesige Wasserspeicher, besonders, wenn das Sonnenlicht gebündelt einfällt, einer unterirdischen Kathedrale.

Die Straße streift nun den **Lago di Miseno**, der in der Antike *Mare Morto*, totes Meer, genannt wurde. Im augusteischen Hafen lag einst die wichtigste Flotte des Imperiums, die *Classis Praetoria Misenatis*, vor Anker. Schließlich gelangt man in den kleinen Ort **Miseno**.

TOP TIPP Zu Fuß erkundet man von hier das **Capo Miseno**. Kühn beschließt das 167 m hohe Vorgebirge den Golfo di Pozzuoli, seine Fortsetzung bildet die Isola di Procida, die in Sichtweite vor der Küste liegt. Geschützt im Windschatten des Capo Miseno lockt der schöne Strand *Spiaggia Miliscola*. Das Kap verdankt seinen Namen einer Sage des Homers, die hier das Grab von Odysseus' Reisegenossen Misenus lokalisierte. Später verwandelte der römische Dichter Vergil in seiner ›Aeneis‹ Miseno zum Trompeter des Aeneas, der in einem Wettkampf dem muschelblasenden Meeresgott Triton unterlag und am Kap den Tod fand.

Das Küstenpanorama des Golfo di Pozzuoli gleicht einem riesigen Fächer, es ist wunderschön und doch voller tödlicher Gefahren, wie die Geschichte lehrt: Im Jahr 79 n.Chr. beobachtete von hier aus Plinius d.Ä. den entsetzlichen, alles vernichtenden Ausbruch des *Vesuv*. Aus Sorge um die Sicherheit seiner Freunde in Pompeji brach der Naturforscher Plinius umgehend auf, um ihnen Hilfe zu bringen. Bei der Landung in Stabiae töteten ihn jedoch die ausströmenden Dämpfe des Vulkans.

Odysseus' Reisegefährte, der hier begraben liegen soll, gab dem Capo Miseno den Namen

i Praktische Hinweise

Information

Comune di Bacoli, Via Lungolago 8, Bacoli, Tel. 08 18 55 31 11, www.comune.bacoli.na.it

Hotel

***__Club Cala Moresca__, Via Faro 44, Bacoli, Tel. 08 15 23 55 95, www.calamoresca.it. Modernes Hotel am Capo Miseno mit Restaurant, Swimmingpool, Garten und wunderschöner Aussicht.

Restaurant

La Dragonara, Via Dragonara 10, Bacoli, Tel. 08 15 23 16 07. Hier, in der kleinen Ortschaft Miseno mit Blick auf das Capo Miseno, serviert man köstliche Pasta und frische Meeresfrüchte (Di geschl.).

5 Cuma

Die älteste Siedlung der Griechen auf dem italienischen Festland.

Von Bacoli aus verläuft die Küstenstraße Richtung Cuma zwischen dem Meer und dem *Monte di Procida*, der wegen seines Weins berühmt ist. Weiter nördlich erstreckt sich der flache, fast durchsichtig scheinende **Lago del Fusaro**. Auf einer winzigen Insel, zu der eine Brücke hinüberführt, steht das Jagdschlösschen *Casina Vanvitelliana*, das Carlo Vanvitelli 1782 für Ferdinand IV. erbaute. Anschließend erreicht man Cuma. Die erste griechische Siedlung in Italien, die nördlichste der Magna Graecia, hieß *Kyme* und wurde 750 v. Chr. von Auswanderern aus Chalkis gegründet. Von hier aus verbreitete sich die griechische Kultur an der Küste Kampaniens.

Von der Griechenstadt sind, gemessen an ihrer einstigen Bedeutung, nur wenige Zeugnisse erhalten geblieben. Auf dem steilen Tufffelsen Monte di Cuma im TOP TIPP **Parco Archeologico di Cuma** (Via Monte di Cuma 3, Tel. 06 39 96 70 50, http://cir.campania.beniculturali.it/archeocuma, tgl. 9 Uhr bis 1 Std. vor Sonnenuntergang) liegen die Reste des alten *Cumae*, wie die Römer es nannten. Die *Akropolis* präsentiert sich als romantische Ruinenkulisse hoch über dem Meer mit herrlicher Aussicht. Vom **Tempio di Giove [1]** aus dem 5. Jh. v. Chr. ist außer zwei mächtigen Bögen nur mehr wenig Gemauertes, und das nur in Umrissen, zu erkennen. Die Zeitläufte und der Wechsel der Religionen haben den Tempel stark in Mitleidenschaft gezogen. Zuerst lösten die Götter der Römer die der Griechen ab, bevor diese dem christlichen Gott weichen mussten. Auf den Grundmauern

Am Fuß der Akropolis von Cuma verkündete die Sibylle einst ihre Orakelsprüche

Von besonderem Reiz ist der **Antro della Sibilla [3]** am Fuß der Akropolis. Am Ende eines in Tuffstein gehauenen 131,5 m langen und 2,4 m breiten, trapezförmigen Ganges, in einem von Lichtschächten erhellten Raum soll, so will es die Überlieferung, die berühmte **Sibylle von Cumae** ihre Orakelsprüche verkündet haben. Vergil zufolge erfuhr hier der trojanische Held *Aeneas* vom unmittelbar bevorstehenden Ende seiner Irrfahrten. Die sagenumwobene Priesterin Apollons gilt auch als Verfasserin jener *Sibyllinischen Bücher*, die später im Tempel des Jupiter Capitolinus in Rom verwahrt und in nationalen Notlagen befragt wurden. Die Bücher fielen 83 v. Chr. einem Brand zum Opfer. Die hiesige Grotte der Sibylle allerdings halten Forscher, bar jeder Romantik und unbeeindruckt von den magischen Lichtspiegelungen, eher für Teil einer *Festungsanlage*, die den Hafen schützen sollte.

Die Ausgrabungen in der *Unterstadt* brachten das **Anfiteatro Romano [4]** aus dem 2. Jh. v. Chr. und den **Tempio d'Iside [5]** zutage, dessen Götterstatuen allerdings im 3. Jh. n. Chr. von Christen zerstört wurden. Die Funde aus der **Nekropole [6]** mit samnitischen und griechischen Gräbern sind im Museo Archeologico von Neapel zu sehen.

des Jupitertempels hat man folglich eine frühchristliche Basilika errichtet. Auch vom **Tempio di Apollo [2]** auf der unteren Terrasse, den Vergil in der ›Aeneis‹ erwähnte, sind heute lediglich einige blassen Umrisslinien seines Unterbaus auszumachen.

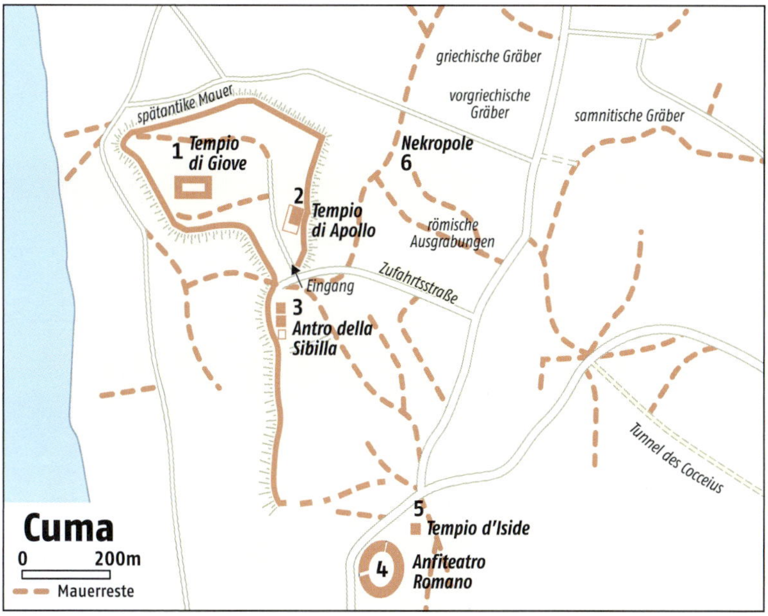

Procida und Vivara – Inseln aus der Schmiede des Hephaistos

Naturerlebnisse der besonderen Art bieten Procida und Vivara, die beiden kleinen, durch eine Brücke miteinander verbundenen Inseln zwischen dem Festland und Ischia. *Aliscafi* (Tragflügelboote) und *Traghetti* (Fähren) fahren von Neapel und Pozzuoli zu den malerischen Felsen in der Meeresbrandung. Erst beim Näherkommen sieht man die Konturen der im tiefen Blau schwimmenden Inseln deutlich. Sie zeigen sich vielgestaltig mit schrundigen Abgründen, kleinen verträumten Buchten, bizarren Klippen und schwindelerregende Gesteinsformationen, auf engstem Raum zusammengedrängten pittoresken Orten.

6 Procida

Mediterrane Architektur, hingebungsvoll gepflegtes Brauchtum und der betörende Duft von Zitronenbäumen.

Von längst versunkenen Vulkanen in Form einer kopflosen Echse gestaltet, liegt Procida (10 000 Einw.) vor der 1,6 Seemeilen entfernten Landzunge der Campi Flegrei. Mit den Brennenden Feldern ist die Insel zwar erdgeschichtlich aufs Engste verbunden, zeigt aber heute keine vulkanische Aktivität. Die römische Schriftstellerin *Elsa Morante* setzte Procida mit dem Roman ›Arturos Insel‹ (1957) ein elegisches Denkmal, als Drehort taucht es in Filmen wie ›Der Postmann‹ (1994) und ›Der talentierte Mr. Ripley‹ (1999) auf. Vom Tourismus jedoch ist Procida bislang eher wenig berührt.

Geschichte Mit Sicherheit war die Insel *Prochyta,* so der alte Name, schon in der Bronzezeit bewohnt, doch die Spuren der Frühgeschichte sind spärlich. Die erste größere Siedlung entstand ab dem 7. Jh. um eine *Benediktinerabtei* auf dem Felsrücken, der heute die Terra Murata, die ummauerte Altstadt, trägt. Der Spanische Statthalter Innico d'Avalos ließ sich hier 1563 einen überdimensionalen **Burgpalast** bauen. 1734 eigneten sich die *Bourbonenkönige* den markanten abweisenden Bau an und nutzten ihn als Jagdschloss. Aus sicherer Höhe ließen sie das Inselvolk ihren Herrscherwillen schmerzhaft spüren, viele Procidaner suchten bald ihr Heil in der Emigration. Sie entkamen der heimatlichen Misere ohne große Probleme, denn die älteste Seefahrerschule Italiens, das **Istituto Nautico Francesco Caracciolo**, bildete die besten Schiffsbauer und Kapitäne aus. Die Daheimgebliebenen allerdings litten an Armut und Unterdrückung. Heute leben sie in Frieden, die

Corricella – Blick auf eines der kunterbunten Bilderbuchstädtchen von Procida

Seefahrt bestimmt immer noch das Berufsbild vieler Menschen, andere pendeln zu Arbeitsstellen auf Ischia oder auf dem kampanischen Festland.

Besichtigung Die Fähren aus Neapel, Pozzuoli und Ischia landen an der **Marina Grande** 1 von **Procida**, dem Hauptort der Insel. Der auch Sancio Cattolico genannte Hafen, um den sich die Häuser so eng, so fremdartig, so sonnenfarben türmen, wirkt kunterbunt. Ein Taxiboot namens *Moby Dick* (Tel. 08 18 96 87 53) startet vom Hafen zum Giro d'Isola, einer zweistündigen Küstenumrundung. An Land verbinden Busse im 20-Min.-Takt die Orte des dicht besiedelten Eilands.

Von der Piazza Marina Grande gelangt man über die Via Vittorio Emanuele und Via Principe Umberto I – am schnellsten mit dem Mikrotaxi – in die von starken Mauern geschützte **Terra Murata** 2, die Oberstadt. Steil ansteigende Gassen führen durch die *Casale*, alte Stadtbezirke, die noch immer mit einer Prise Orient gewürzt zu sein scheinen. Auch die mittelalterliche Oberstadt selbst ist unübersichtlich und eng, ein malerisches Mosaik aus Zitadelle, Palast, Kloster und Wohnhäusern. Hier ist vieles konturlos, Häuserwürfel wurden über Häuserwürfel geschichtet, als ob eine Flutwelle aus Stein über den Hügel gebrochen wäre.

TOP TIPP

Der im 16. Jh. von Spaniens Statthalter erbaute **Palazzo Reale** 3, hoch über dem Meer thronend und auf abschreckende Fernwirkung angelegt, ist die älteste Königsresidenz Kampaniens. Die Zitadelle wurde lange als Gefängnis genutzt und kann nicht besichtigt werden.

Den höchsten Punkt der Terra Murata markiert die **Abbazia di San Michele Arcangelo** 4 (Mo–Sa 9.45–12.45 und 15–18 Uhr, So 9.45–12.45 Uhr), im 11. Jh. begonnen, im 17.–19. Jh. umgestaltet und verschönert. Eine prachtvolle, mit Golddukaten bestückte *Kassettendecke* und ein kunstvoller *Fliesenboden* verleihen dem Innenraum der Abteikirche noble Stimmung. Inselpatron Erzengel Michael, auf dem Decken- und einem Apsisgemälde vom Barockmaler Luca Giordano 1699 dargestellt, präsentiert sich als Sieger über Luzifer und als Beschützer der Insel gegen die Türken. Seine im 16. Jh. gearbeitete silberne *Statue* wird bei den *Patronatsfesten* (8. Mai und 28. Sept.) durch den Ort getragen. Zum Schluss kann man in die *Krypta* der Kirche hinabsteigen, hier bilden Bibliothek, Beinhaus, Depot der Prozessionsfiguren und Verlies eine kuriose Mischung.

Goldmünzen und Malerei zieren die Decke der Abbazia di San Michele Arcangelo

Bei der Abteikirche beginnt auch die berühmte, seit 1627 stattfindende Karfreitagsprozession **Processione del Cristo Morto e dei Misteri** der Turchini-Bruderschaft, die früher zu den Flagellanten gehörten, welche durch Selbstgeißelung Buße taten. Die Prozession ist noch heute pompös und laut, besitzt jedoch zugleich einen ganz eigenen persönlichen Charakter, der sehr beeindruckt. Die mitgeführten *Misteri*, effektvoll inszenierte Statuengruppen, bringen seit Jahrzehnten immer wieder neu arrangiert auch Bezüge auf das jeweilige Zeitgeschehen Italiens und der Insel zum Ausdruck.

Über die steile Via San Rocco, immer das Meer und die wunderschöne, an der Punta dei Monaci einsam gelegene *Chiesa Santa Margherita* vor Augen, geht man nach **Corricella** 5 hinunter. Der schmale Ufersaum bot der Fischersiedlung wenig Raum. Auch wenn der gelbe, himmelblaue, reseda- oder rosafarbene Putz mit Tupfern von Pompejanisch-Rot an manchen der schmalen Häuschen bröckelt, könnte man das Ganze für einen preiswürdigen architektonischen Gesamtentwurf halten. Richtung L'Olmo erstreckt sich der Badestrand Spiaggia di Chaia.

Inseleinwärts führt die in Marina Grande als Via Libertà beginnende Straße durch dichtbesiedeltes und üppig mit Weinstöcken und Olivenhainen bedecktes Land in den Ferienort **Chiaiolella** 6 mit seinem Jachthafen, der *Marina Piccola*. An der Westküste hinter den Badestränden des *Lido di Procida* findet man Hotels, Pensionen und Restaurants. Die Früchte der überall wachsenden *Zitronenbäume* werden übrigens zum Likör ›Limoncello‹ verarbeitet [s.S.116].

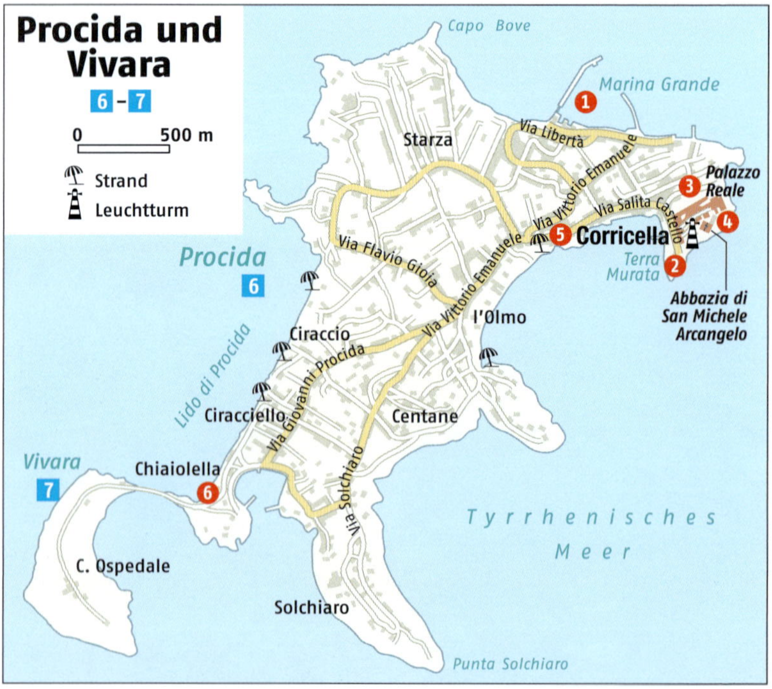

Die Terra Murata mit Palazzo Reale und Kloster thront über der Marina Grande von Procida

i Praktische Hinweise

Information

Pro Loco, Piazza S. Antonio 6, Procida, prolocoinforma@libero.it, www.prolocodiprocida.it

Hafen

Ab Neapel, Molo Beverello, Motor- und Tragflügelboote. Ab Neapel, Molo Mergellina, und Pozzuoli Autofähren. Ab Procida, Marina Grande, Boote nach Ischia Porto und Casamicciola auf Ischia.

Hotels

****__La Casa sul Mare__, Via Salita Castello 13, Procida, Tel. 08 18 96 87 99, www.lacasasulmare.it. Zehn Zimmer in einem Adelspalais direkt am Fischerhafen Corricella mit herrlichem Blick über das Meer und die bunten Häuser.

***__Crescenzo__, Via Marina Chiaiolella 33, Procida, Tel. 08 18 96 72 55, www.hotelcrescenzo.it. Kleines Hotel (10 Zi.) mit beliebtem Restaurant beim Jachthafen von Chiaiolella.

Camping

Punta Serra, Via Serra 4, Procida, Tel. 08 18 96 95 19, Mobil 33 98 65 58 59. Einfacher Platz mit Bungalows in hübscher, ruhiger Lage an der Westküste (Okt.–Mai geschl.).

Restaurants

Gorgonia, Marina Corricella 50, Procida, Tel. 08 18 10 10 60. Restaurant an der Hafenmole, Tische im Freien, Gemütlichkeit pur und jede Menge Fisch (Mo geschl.).

Re Ferdinando, Via della Libertà 5, Procida, Tel. 08 18 96 85 97. Am Hafen gelegenes Lokal, mit Terrasse (April–Sept. geöffnet).

7 Vivara

Naturpark und Zwischenstopp für wintermüde Zugvögel.

Von Chiaiolella aus führt ein Weg zu den grünen Hängen an der Südwestspitze der Insel. Über eine 120 m lange *Brücke*, die auch die Wasserleitung vom Festland trägt, erreicht man die Isola di Vivara (www.vivara.it, bis auf Weiteres nur zeitweilig zugänglich). Vivara mit seinem exzentrischen Landschaftsprofil offenbart sich als Rest eines urgeschichtlichen Vulkankraters. Die einstige Jagdinsel der Bourbonenkönige ist heute ein **Naturschutzgebiet** mit interessanter Flora und Fauna, hier findet man allein 200 Vogelarten. Spaziergänge von der Punta Capitello zum 100 m hohen Vivara-Gipfel durch ›Macchia alta‹ mit bis zu 4 m hohen Erikabüschen rücken die urtümliche Kulisse der Insel deutlich ins Blickfeld.

Ischia – wildromantische Strände und erholsame Kuren auf der Insel des Titanen Tiphoios

Vulkanische Kräfte haben Ischia geformt. Tief unter der größten Insel der **Isole Flegrei** befindet sich ein Magmaherd, und einige postvulkanische Phänomene erinnern noch heute an die bewegte Vergangenheit der Insel. Vom 790 m hohen, aus grünem Tuffstein bestehenden **Monte Epomeo** fällt das Gelände allmählich bis zum gezackten Küstensaum ab, zu *Stränden* mit dunklem, grobkörnigen Sand und zu zwischen Felsen versteckten *Buchten*, die nur vom Meer aus erreichbar sind. Aus dem Grün der Kastanienwälder des zentralen Inselberglandes schimmern gelb blühender Ginster, Erika, Erdbeerbäume und blaue Lupinen hervor.

An die Entstehungsgeschichte der Insel Ischia erinnern zahlreiche, bis zu 90 °C heiße **Thermalquellen**, die schon Homer in seiner ›Ilias‹ (7. Jh. v. Chr.) erwähnte. Die *Fumarolen* hauchen heißen Dunst aus, am *Maronti-Strand* dampft der Sand, in der *Sorgeto-Bucht* steigt warmes Heilwasser aus dem Meer. Viele Hotels und Thermalgärten Ischias bieten mannigfache medizinische Kuren und Wellness-Behandlungen oder einfach viel Entspannung im warmen Wasser. Die Spuren menschlicher Besiedlung auf der Insel – der antiken Mythologie zufolge ist sie der Fels, unter dem Zeus den Titanen Tiphoios begrub – führen ins Jahr 3500 v. Chr. zurück. Vulkanismus und Erdbeben zwangen die Bewohner aber immer wieder zum Verlassen der Insel. Der Name **Ischia** wird erstmals 813 n. Chr. erwähnt. Griechische Seefahrer aus Euböa gründeten 770 v. Chr. auf dem Monte Vico bei *Lacco Ameno* eine Siedlung, die sie **Pithekoussai** nannten, ihre Nekropolen hat man im Valle di San Montano und am Hang des Mezzavia-Hügels freigelegt. Antike und mittelalterliche Ortschaften versanken später in Lavaströmen. – Obwohl schon im 16. Jh. Besucher für Bäderkuren auf die Insel kamen, zwang Armut viele Ischitaner zur Auswanderung, denn Agrarwirtschaft war nur in bescheidenem Umfang möglich. Erst mit dem Einsetzen des **Kur-** und **Badetourismus** ab 1950 kam Wohlstand auf die Insel, Kommerzialisierung und Bauboom folgten.

Riva Destra in Ischia Porto – pittoreskes Ambiente für Dinnergäste und Flaneure

8 Ischia Porto und Ischia Ponte

Malerische Hafenatmosphäre, Fischerhäuser, alte Kirchen, Palazzi und schicke Hotels.

Ischia Porto und Ischia Ponte bilden zusammen die Inselhauptstadt **Ischia**. Der quicklebendige Hafen **Ischia Porto** ist Anlegestelle für Schiffe und Boote aller Art. Der erstaunlich rege Schiffsverkehr muss durch das Nadelöhr der scheinbar nur handtuchbreiten Einfahrt zwischen dem in feurigem pompejanischen Rot prunkenden Leuchtturm und des ebenfalls tiefrot angemalten Gebäudes der *Forschungsstation für Meeresbiologie*.

Ist man erst mal an Land, kann man sich trefflich treiben lassen, entweder über die Via Bonocore in das alte Fischerviertel **San Pietro** mit seinen vonSalzluft gebeizten Häusern und dem Geruch nach Fisch, Hanf und Teer, oder durch die Via Roma und den eleganten, merklich ansteigende Corso Vittoria Colonna. An seinem höchsten Punkt steht die spätbarocke **Chiesa del Purgatorio** mit ihrem ovalen Baukörper und einer schönen mit Majolika umkleideten Kuppel. Ihre kleine Terrasse hebt sie aus dem Gewühl der Straßen und Gassen heraus.

Unweit des Gotteshauses, Richtung Ischia Ponte, verbirgt die schattige **Pineta dell'Arso** die Spuren der Katastrophe von 1301, als sich ein 3 km breiter Lavastrom zum Meer hinabwälzte und eine Siedlung unter sich begrub. Heute bedecken dichter Pinienwald und Macchia die bizarren Lavaformationen, würziger Blumenduft schwebt über dem Stadtpark.

Das Viertel *Sant'Antonio* verbindet Ischia Porto mit Ischia Ponte. In der Nähe der gelb-weiß getünchten *Chiesa Sant'Antonio* liegt der Eingang zur **Biblioteca Antoniana** (Tel. 08 13 33 32 55, Mo–Fr 9.30–12.30 und 16–19 Uhr). Sie umfasst 18 000 Bände, darunter Schrifttum über die Insel, das bis ins 16. Jh. zurückreicht.

Mit seinen pastellfarbenen Fischerhäusern am Meer und den Palazzi reicher Bürger in Panoramalage präsentiert sich **Ischia Ponte** optisch dezenter als Ischia Porto und ist der geschichtsträchtigere Ortsteil. Viel Atmosphäre hat der *Borgo del Celso* mit seinen drei Kirchen, der barocken *Cattedrale Santa Maria Assunta*,

die ein schwarzes Kruzifix aus dem 13. Jh. hütet, mit der im 17. Jh. an Stelle einer von Matrosen erbauten Kirche *Spirito Santo* und der kleinen *Santa Maria di Costantinopoli* von 1613.

Das im Palazzo dell'Orologio ansässige **Museo del Mare** (Tel. 081981124, www.museodelmareischia.it, Mai–Juni, Sept.–Okt. tgl. 10.30–12.30 und 15–19 Uhr, Juli/Aug. 10.30–12.30 und 18.30–22, Nov.–Jan., März tgl. 10.30–12.30, Febr. geschl.) zeigt nautische Instrumente, Schiffsmodelle, Uniformen und antike Funde aus dem Meer.

Von Ischia Ponte führt der im 15. Jh. erbaute, 228 m lange Ponte Aragonese zu einem vorgelagerten Trachytkegel TOP TIPP mit dem **Castello Aragonese** (Tel. 081991959, www.castelloaragoneseischia.com, tgl. 9 Uhr bis Sonnenuntergang). Die imposante Festung ist heute Schauplatz von Musikfestivals und Wechselausstellungen internationaler Kunst. Die strategische Bedeutung des 100 m hohen Felsens erkannten schon die Syrakusaner im 5. Jh. v. Chr. und errichteten eine Festung. Die Römer taten es ihnen gleich, doch ihr Wachturm war dem Verfall preisgegeben, nachdem die Stadt *Aenaria*, nahe der heutigen Brücke, im Meer versunken war. 1000 Jahre später versteckten sich die Ischitaner in den Ruinen vor den Sarazenen. Die aragonesischen Inselherren ließen den Burgfelsen durch einen Damm mit der Hauptinsel verbinden und befestigen. Schloss und Wohnsiedlung, Kirchen und Klöster entstanden auf engstem Raum, innerhalb der wehrhaften Mauern lebten zeitweise bis zu 5000 Personen. Als im 18. Jh. das Gedränge zu groß und der Bischofssitz nach Ischia Ponte verlegt wurde, verfielen die Bauten. Der Rundgang durch die Anlage – nach oben gelangt man zu Fuß durch Tunnel und Treppenaufgang oder per Aufzug – führt zu den Ruinen der *Cattedrale* mit Fresken des 14. Jh. in der Krypta, zur sechseckigen Kirche *San Pietro* aus dem Jahr 1547 und zum Klarissenkloster *Santa Maria della Consolazione*, in dem heute das Hotel **Albergo Il Monastero** (Tel. 081992435, www.albergoilmonastero.it) residiert.

In der Krypta der benachbarten **Chiesa dell'Immacolata** sind die unheimlichen Steinsitze zu betrachten, auf denen verstorbene Klarissinnen einst aufgebahrt wurden, bis ihre Knochen durch die Sitzöffnungen in Becken fielen.

Das imposante Castello Aragonese auf dem Trachytkegel im Hafen von Ischia Ponte

i Praktische Hinweise

Information

AACST Ischia und Procida, Via Sogliuzzo 2, Ischia, Tel. 08 15 07 42 11, www.infoischiaprocida.it

Hafen

Schiffsverbindungen von/nach Neapel und Pozzuoli (über Procida) nach Ischia Porto. Verbindungen von Ischia Porto auch nach Castellamare, Sorrent und Capri.

Hotels

*******Grand Hotel Punta Molino**, Lungomare Cristoforo Colombo 23, Ischia Porto, Tel. 081 99 15 44, www.puntamolino.it. Luxuriöses Wellnesshotel mit großem Spa, blühenden Gärten und Pinienhain.

TOP TIPP *******Il Moresco**, Via Emanuele Gianturco 16, Ischia Porto, Tel. 081 98 13 55, www.ilmoresco.it. Grandhotel im maurischen Stil mit großem Spa. Ruhige Parklage zwischen Lido und Piazzetta.

*****Bristol Terme**, Via Venanzio Marone 10, Ischia Porto, Tel. 081 99 21 81, www.hotelbristolischia.it. Großes Haus mit Thermalbädern und Garten in Meernähe.

*****La Marticana**, Via Quercia 48, Ischia Porto, Tel. 08 13 33 44 31, www.lamarticana.it. Kleines Hotel, von Parkgrün umgeben.

Rasant geformt und garantiert nicht giftig – der Felspilz von Lacco Ameno

Restaurant

Damiano, Via delle Vigne (SS 270), Ischia Porto, Tel. 081 98 30 32. Elegantes Restaurant mit herrlichem Panoramablick. Spezialität ist gegrillter Fisch.

9 Casamicciola Terme

Das älteste Kurzentrum der Insel mit den meisten Heilquellen.

Die SS 270 umrundet Ischia. Die nächste größere Ortschaft an der Straße, 5 km von Ischia Porto entfernt, ist Casamicciola Terme. Das erste Zentrum des insularen Thermalbädertourismus auf Ischia ist heute eine ausufernde Streusiedlung. Von den lebhaften Küstenvierteln Marina und Perrone breitet sie sich zu den Ortsteilen Bagni, Maio und Gran Sentinella an den fruchtbaren grünen Nordausläufern des Monte Epomeo aus.

Bagni besitzt das traditionsreichste Thermalbad der Insel, die **Antiche Terme Belliazzi** (Piazza Bagni 122, Tel. 081 99 45 80, www.termebelliazzi.it). Bereits die alten Römer kurierten hier ihre Wehwehchen im Mineralwasser der 85 °C heißen *Gurgitello-Quelle*. Heute sind die Terme Belliazzi ein modernes Kur- und Wellnesszentrum, das Thermal- und Fangobäder, Massagen und Schönheitsbehandlungen umfasst. Zehn Thermalbecken, einen Strand und ein vielseitiges Wohlfühlprogramm offeriert der **Parco Termale Castiglione** (www.termecastiglione.it). Kleiner ist der **Parco Termale O'Vagnitiello** (www.vagnitiello.it), doch er verfügt immerhin über drei Becken und einen Strand, es gibt Sauna, Massagen und Schönheitsbehandlungen.

i Praktische Hinweise

Hafen

Schiffsverbindungen mit Neapel, Molo Beverello, und Pozzuoli.

Hotels

******Elma Park Terme**, Corso Vittorio Emanuele 57, Casamicciola Terme, Tel. 081 99 41 22, www.hotelelma.it. Schöne, ruhige Lage, angenehmes Ambiente, Thermalbad, Garten mit Hafenblick.

Muntermacher Cappuccino und süße Versuchungen

***Villa Janto**, Via Terme Rita, Casamicciola Terme, Tel. 081 99 46 61, www.villajanto.com. Kleines familiär geführtes Haus in Hügellage mit römischer Grotte und großem Thermalbecken.

10 Lacco Ameno

Der Landeplatz der Griechen ist heute ein Nobelkurort.

Am Fuß des *Monte Vico*, 2 km westlich von Casamicciola, liegt Lacco Ameno. Wind und Wasser gestalteten die merkwürdigen Formen von **Il Fungo**, dem Riesenpilz aus Tuffstein, der vor der Hafenmole aus dem Meer ragt. Er ist das Wahrzeichen des geschichtsträchtigen Ortes. Im 8. Jh. v. Chr. gingen die Griechen in der geschützten Bucht vor Anker und errichteten am Hang des Monte Vico ihre Siedlung, die sie *Pithekoussai* nannten. Der Archäologe Giorgio Buchner fand dort in einem Grab ein kostbares Stück, den *Becher des Nestor* (ca. 8. Jh. v. Chr.). Er trägt den ältesten erhaltenen Verstext in griechischer Sprache, der im westlichen Mittelmeerraum entdeckt wurde.

Den Becher bewahrt das **Museo Archeologico di Pithecusae** (Corso Angelo Rizzoli, Tel. 081 99 61 03, www.pithecusae.it, Juni–Sept. Di–So 9.30–13 und 16–19.30, Okt.–Mai Di–So 9.30–13 und 15–18.30 Uhr) in der Villa Arbusto oberhalb der zentralen Piazza Santa Restituta. Die Kollektion umfasst 10 000 antike Fundstücke und Architekturteile aus der Zeit der ersten griechischen Kolonie auf Ischia.

Viele Jahrhunderte lang nur ein verträumtes Fischerdorf, erlebte Lacco Ameno im 19. Jh. den Aufstieg zum Kurort und in den 1960er-Jahren war es ein Ziel des internationalen Jetset. Der Glamour verblasste, geblieben sind die Thermalquellen von internationalem Renommee, die eleganten Hotels, das noble Flair und die Touristenscharen auf der *Piazza Santa Restituta* mit der Kirche **Santa Restituta** zu Ehren der Märtyrerin. Ihr brennendes Boot soll bei Lacco Ameno gestrandet sein. In der Kirchenkrypta bewahrt das *Museo Archeologico e Scavi di Santa Restituta* (Mai–Okt. Mo–Sa 9.30–12.30 und 17–19, So/Fei 9.30–12.30 Uhr) Grabfunde aus der Eisenzeit und Artefakte aus griechischer und römischer Zeit.

Nordwestlich von Lacco Ameno, an der Bucht Baia di San Montano, liegt der Thermalpark **Negombo** (Tel. 081 98 61 52, www.negombo.it). Die Becken mit warmem Heilwasser sind von einem *Garten* voller Kunstwerke und duftender exotischer Blüten umgeben. Am nahen Meeresstrand leuchtet weißer Sand.

Praktische Hinweise

Information

Comune di Lacco Ameno,
Piazza Santa Restituta 1, Tel. 08 19 00 717,
www.comunelaccoameno.it

Flughafen

Eliporto, Hubschrauberlandeplatz, zwischen Casamicciola Terme und Lacco Ameno.

Hafen

Autofähre von Neapel nach Forio. Fähren von Neapel und Pozzuoli. Schiffsverbindung von Forio zu den Isole Ponziane.

Hotels

*******L'Albergo della Regina Isabella**,
Piazza S. Restituta, Lacco Ameno,
Tel. 081 99 43 22, www.reginaisabella.it.
Schick, teuer, prominente Gäste.

Blauer Himmel, blaues Meer, blaue Boote: Lacco Ameno vor dem Monte Epomeo

Wallfahrten zur Besänftigung der Elemente – Seefahrerkirche Madonna del Soccorso

****Grazia Terme**, Via Borbonica 2, Lacco Ameno, Tel. 081 99 43 33, www.hotelgrazia.it. Hotel mit 60 Zimmern inmitten eines Parks, mit Restaurant, Bar und Swimmingpools (Nov.–Anfang April geschl.).

Restaurant

'O Padrone d'o Mare, Via Roma 6, Lacco Ameno, Tel. 081 90 02 44. Die Highlights der italienischen Küche werden auf einer Terrasse am Meer serviert.

11 Forio und Spiaggia di Citara

Mittelalterliche Wehrtürme, mediterraner Charme, Badespaß in den Giardini Poseidon Terme.

Die SS 270 führt von Lacco Ameno ins Hinterland der Baia di San Montano. Den Monte La Guardiola und Monte Caruso umfahrend, erreicht man die Westküste. Unweit der Spiaggia San Francesco lohnt der botanische Garten **Giardini La Mortella** (Tel. 081 98 62 20, www.lamortella.it, April–Okt. Di, Do, Sa, So 9–19 Uhr) einen Besuch. Das tropische Paradies gestaltete der britische Landschaftsarchitekt Russel Page für den Komponisten Sir William Walton. Prinz Charles ist Ehrenpräsident der *Walton-Stiftung* für junge Musiker.

Zwischen den Abhängen des Monte Epomeo und dem Meer liegt Ischias zweitgrößte Gemeinde **Forio** (17 000 Einw.). Der weitläufige Ort, ein Zentrum des Weinhandels, ist anmutig und geschichtsträchtig wie die jahrhundertealte Glyzinie, die auf der Piazzetta steht. Modernes umschließt hier Altes, wehrhafte, zinnengekrönte Türme, die *Torrioni*, einst gegen die Sarazenengefahr errichtet, beherrschen die Silhouette der Altstadt. In den verwinkelten Gassen sieht man Bauten mit arabischen Stilzitaten, daneben zahlreiche christliche Kirchen.

Die interessanteste von ihnen ist **Santa Maria di Loreto** am Corso Umberto. Blickfang an der Fassade des im 14. Jh. erbauten, in der Folgezeit mehrfach veränderten Gotteshauses in pompejanischem Rot ist ein *Mosaik* des deutschen Malers Eduard Bargheer, dem Forio zur zweiten Heimat wurde. Das *Innere* der Basilika verdankt seine Eleganz dem Zusammenspiel von farbenprächtigem Marmor, üppigem Stuck und einer Kassettendecke mit reicher Goldauflage.

Während sich auf der Via Regina das Alltagsleben abspielt, zieht es romantische Gemüter zur Wallfahrtskirche der Seefahrer, **Madonna del Soccorso**, um von deren Terrasse hoch über dem Meer den Sonnenuntergang zu betrachten. An manchen Abenden sendet die Sonne für einen kurzen Augenblick das berühmte ›grüne Leuchten‹ über die feuerfarbene Wasseroberfläche, ehe sie vollends eintaucht, und der Blick zu den *Isole Ponziane* wandert, die in der Ferne wie schwarze Scherenschnitte auf dem Meer schweben.

TOP TIPP

Südlich von Forio liegt der Ort **Citara** mit schönen Stränden und den *Giardini*

Poseidon Terme (www.giardiniposeidonterme.com), dem bekanntesten Thermalbad der Insel. Zwanzig Badebecken, von der 54 °C heißen Citara-Quelle gespeist, wurden stufenförmig abfallend angelegt, subtropische Vegetation umkränzt sie. Wunderschön und zum Greifen nah liegt hier auch die feinsandige, von grünen Hügeln umgürtete **Spiaggia di Citara** mit ihren malerischen, aus dem Meer aufragenden Felsen dem Besucher und Badefreund zu Füßen.

TOP TIPP

i Praktische Hinweise

Hafen

Forio wird aus Neapel und bei Insel-Rundfahrten angesteuert. Schiffsverbindungen zu den Isole Ponziane.

Hotels

*******Mezzatorre Resort & Spa**, Via Mezzatorre 23, Forio, Tel. 081 98 61 11, www.mezzatorre.it. Haupt- und Nebengebäude des Luxushotels (45 Zi., 12 Suiten) gruppieren sich um einen Turm aus dem 16. Jh. mitten in einem pinienbestandenen Park auf einer Landzunge direkt an der San-Montano-Bucht.

*****Capizzo**, Via Provionciale Panza 189, Forio, Tel. 081 90 71 68, www.hotelcapizzo.it. Ruhiges, von Weingärten umgebenes Hotel in bester Lage 500 m vom Citara-Strand.

*****Villa Angela Terme**, Via Provinciale Panza, Forio, Tel. 081 99 81 86, www.hotelvillaangela.it. In Strand- und Altstadtnähe inmitten blühender Gärten gelegenes Anwesen mit Thermalbecken und Spa.

Restaurants

Da Peppina di Renato, Via Montecorvo 42, Forio, Tel. 081 99 83 12, www.trattoriadapeppina.it. Rustikales Ambiente, köstliche Inselspezialitäten (Di geschl.).

La Romantica, Via Marina 46, Forio, Tel. 081 99 73 45. Hafenatmosphäre, Idylle bei Kerzenschein und frischer Hummer (Nov.–März Mi geschl.).

Am Abend kehrt Frieden ein ins überaus beliebte Ausflugsziel Sant'Angelo

Umberto a Mare, Via Soccorso 2, Forio, Tel. 081 99 71 71, www.umbertoamare.it. Bei köstlichen Speisen blickt man von der Terrasse bei der Wallfahrtskirche Madonna del Soccorso übers Wasser. Auch Zimmer werden vermietet.

12 Sant'Angelo

Zauberhaftes Fischerdorf und Publikumsmagnet.

Die SS 270 wendet sich in Forio von der Küste ab, erreicht hügeliges Gelände und passiert das Weinbauerndorf *Cuotto*. Am steilen Epomeo-Hang kann man noch die berühmten *Case di Pietra* sehen, zu Häusern oder Lagerräumen ausgehöhlte Tuffsteinblöcke. Kurz hinter dem Weiler Case Battaglia zweigt rechts eine Stichstraße ab, die über das von Weinbergen umgebene Dorf *Panza* nach Sant'Angelo führt. Das Fischerdorf bezaubert mit seinen kubischen weißen und pastellfarbenen Häuser, die sich vor ausgeglühten Felshängen bis zur Höhe mit der *Chiesa San Michele* übereinandertürmen. Die **Piazzetta** am Hafen ist Treffpunkt für alle, die Kuren in den Thermalgärten *Aphrodite-Apollon* des Hotels Miramare Sea

Zuweilen weist der Meeresgott Poseidon persönlich den Weg in seine Thermen bei Forio

Im ehemaligen Fischerdorf Sant'Angelo findet man an jeder Ecke Souvenirs

Resort und des *Parco Tropical* (www.parco-tropical.com) mit geselligem Urlauberdasein verbinden möchten.

Über einen Damm erreicht man die vorgelagerte Felseninsel **La Roia**. Den 104 m hoch gelegenen *Torre* schoss die britische Kriegsmarine 1808 in Trümmer, doch dem Reiz der idyllischen Landschaft konnte diese Attacke nichts anhaben.

i Praktische Hinweise

Hafen

Schiffsverbindungen nach Forio, Motorboote zur Spiaggia di Maronti.

Hotels

****Miramare Sea Resort**, Via Comandante Maddalena 29, Sant'Angelo, Tel. 081 99 92 19, www.hotelmiramare.it. Zauberhaft in einer Meeresbucht gelegen. Terrassenrestaurant, Privatstrand, Tennis und Thermalgärten Aphrodite-Apollon.

Casa Gerardo, Via Cava Grado, Sant' Angelo, Tel. 081 90 77 90, www.casagerardo.it. Pension in Panoramalage oberhalb des Strands Cava Grado mit schöner Sonnenterrasse und gepflegtem Garten.

Restaurants

Dal Pescatore, Piazzetta Sant'Angelo, Sant'Angelo, Tel. 081 99 92 06. Das Restaurant der gehobenen Preisklasse liegt mitten im Trubel, es bietet Fisch vom Feinsten und köstliche Fischsuppe.

Pizzeria Da Pasquale, Via Sant'Angelo 79, Sant'Angelo, Tel. 081 90 42 08, www.dapasquale.it. Rustikales Lokal nahe der Piazzetta mit Pizza aus dem Holzofen (Dez.–März geschl.).

13 Monte Epomeo

Noch immer brodelt der Magmaherd unter dem aussichtsreichen Vulkan.

Die SS 270 führt von Case Battaglia weiter landeinwärts über den Ort *Ciglio* mit seinen wehrhaften Tuffsteinhäusern. Nach kurvenreicher Bergfahrt erreicht man den Doppelort **Serrara Fontana**, zu dessen Gemeindegebiet auch Sant'Angelo gehört. Lohnend ist der Aufstieg zum Gipfel des Monte Epomeo (789 m, etwa 60 Min.) und zum *Eremo di San Nicola*, einer im 15. Jh. gegründeten Einsiedelei, deren in den Tuffsteinfels gegrabene Wohnzellen typisch für die traditionelle

Der Gipfel des Monte Epomeo lässt sich vom Dorf Fontana aus in einer Stunde erklimmen

Höhlenarchitektur der Insel sind. Obwohl der Monte Epomeo schon seit 700 Jahren nicht mehr ausgebrochen ist, brodelt das Magma unter einer 1000 m dicken Tuffschicht noch immer. Die Aussicht auf die Landschaft, auf die Gehöfte, auf die *Parracine* genannten Bruchsteinmauern an den Abhängen des Berges, auf erkaltete Lavaströme und auf das Meer ist grandios.

14 Barano d'Ischia und Spiaggia dei Maronti

Bergdorf inmitten von Weingärten und der berühmteste Strand der Insel.

Auf der kurvenreichen Straße von Fontana nach *Buonopane*, wo die Nitrodi-Quelle sprudelt, sieht man wieder einige der typischen ischitanischen *Case di Pietra* und alte, in den Tuffstein gehauene Weinkeller. Bei der Quelle fand man 1757 zwölf Votivtäfelchen aus römischer Zeit, die sich heute im Museo Archeologico Nazionale in Neapel befinden.

Im Grün der Rebhänge liegt die Berggemeinde **Barano d'Ischia**, die viele kleine Weiler umfasst. Die Landschaft ruht ganz in sich und wird erst bei **Testaccio** mit der sehenswerten Kirche Santa Maria delle Grazie wieder belebter.

Man erreicht den Ort über eine kehrenreiche Abzweigung von der SS 270 und gelangt schließlich westlich der Punta della Signora zur etwas über

TOP TIPP

3 km langen **Spiaggia dei Maronti**, einem der schönsten Badeplätze der ganzen Insel, mit grobkörnigem Sand und Fumarolen, die Meerwasser und Ufer aufheizen. Hier kann man nicht nur wunderbar schwimmen, sondern auch einen herrlichen Ausblick bis nach Sant'Angelo genießen. Am westlichen Ende nutzen die *Terme di Cavascura* eine heiße Quelle für heilende Anwendungen.

i Praktische Hinweise

Hotels

******Parco Smeraldo Terme**, Spiaggia dei Maronti, Barano d'Ischia, Tel. 081 99 01 27, www.hotelparcosmeraldo.com. Angenehmes Haus direkt am Maronti-Strand. Mit eigenem Thermalbad.

****Casa Antonio**, Via Giorgio Carafa 55, Barano d'Ischia, Tel. 081 99 04 44, www.casantonio.it. Ruhige preiswerte Unterkunft mit Balkonzimmern. Treppenweg zum Strand.

Capri – blütenüberschütteter Felsen im Blau

Die Insel Capri, kleiner, als man glauben möchte, nur 6 km lang und 2,5 km breit, vielgeliebt, vielbesungen und oft gemalt, ist im Grunde ein Teil der *Sorrentinischen Halbinsel*. Ihr wuchtiger Felsrücken besteht aus Dolomit und Kalk und wurde während der letzten Eiszeit vom Festland abgetrennt. Er ist nicht vulkanischen Ursprungs, aber der Wind blies Tuff und Asche von den nahen Vulkanen herbei und schuf eine Auflage, die eine außergewöhnlich prächtige Vegetation zulässt. 850 Pflanzenarten gedeihen hier, Wildkräuter wachsen in duftenden Polstern, im Spätwinter und Frühling steht alles in Blüte. Die gebirgige Landschaft mit ihren beiden wichtigsten Erhebungen, dem **Monte Tiberio** (335 m) und dem **Monte Solaro** (589 m), die von niedrigeren Trabanten umgeben sind, bietet den beiden Ortschaften – dem eleganten **Capri** und dem schlichteren, rustikaleren **Anacapri** – nur Hochebenen und Hügel als Siedlungsraum. Die Entdeckung des verträumten Hinterlandes braucht viel Zeit und Muße.

Die Insel, bereits in paläolithischer Zeit bewohnt, gewann erst mit den Ansiedlungen der Griechen ab dem 7. Jh. v. Chr. historische Konturen. Den Siedlern von Cumae, die das Felseneiland nach dem griechischen Wort für Wildschwein, Kapros, tauften und die ersten Reben und Olivenbäume pflanzten, folgten die Römer. **Kaiser Augustus**, von der herben Schönheit der Insel entzückt, begierig, sie zu besitzen, gab der Stadt Neapel zum Tausch das fruchtbare und viel reichere Ischia. **Kaiser Tiberius** verfiel erst recht dem Zauber der Insel. Zehn Jahre lang, 27–37 n. Chr., wohnte er auf dem Monte Tiberio und ließ Villen bauen, die den Gottheiten des Olymp gewidmet waren. Von der prunkvollen *Villa Jovis* aus regierte er das römische Imperium und wurde – wenn man den Überlieferungen Glauben schenken darf – zum grausamen Misanthropen.

Tiberius' Nachfolger wohnten nur sporadisch auf Capri. Mit dem Untergang des Römischen Reiches verlor die Insel die Aura der feudalen Residenz und ging von Hand zu Hand. Sarazenen, Langobarden, Normannen, Aragonier, Spanier, Österreicher, Franzosen und Engländer nahmen das Eiland nacheinander in Besitz, ohne jedoch deutliche Spuren zu hinterlassen. Und als der deutsche Maler und Schriftsteller August Kopisch 1826 die **Blaue Grotte**, die Grotta Azzurra, wiederentdeckte und populär machte, setzte der bis heute anhaltende Strom des internationalen Tourismus ein.

Capris blaue Wunder mitten im Grünen – Blick aufs Meer bei den Faraglioni-Klippen

15 Capri

Berge wie Höcker, Dolomitfelsen bis ins Meer, Belvederes und Villen, eine wildromantische Landschaft umgeben vom Blau des Meeres.

Die Häuser des Ortes **Capri** wirken, als wären sie – dicht im Altstadtbereich und weniger dicht in den Randbezirken – über eine intensiv grüne, an Berge brandende Hochfläche gewürfelt worden. Seine Lage ist faszinierend – fast alle Spazierwege enden an Aussichtspunkten, die Postkartenschönes und landschaftlich Hochdramatisches bieten.

Marina Grande

Capris turbulenter, von Felsen umgebener Hafen Marina Grande an der Nordküste mit terrassengeschmückten Häusern in vielerlei Pastelltönen ist der Ausgangspunkt für die Inselerkundung. Einen kleinen Abstecher vom Hafen über die Via Provinciale Marina Grande in den Ortsteil *Aiano di Sotto* belohnt die originelle **Chiesa di San Costanzo** 1. Im 5. Jh. wurde sie aus Bruchsteinen einer römischen Villa, des Palazzo a Mare, errichtet. In der Folgezeit kam es immer wieder zu Umbauten, denn jedes Zeitalter wollte den Gebeinen des hl. Konstantin, Capris Schutzheiligen, einen ganz eigenen würdigen Rahmen bieten. Heute steht die Kirche daher für ein Jahrtausend Architekturgeschichte.

In der Nähe führt die Treppe **Scala Fenicia** 2, reich an schönen Ausblicken, aber erschreckend steil, durch die Felswand in eine Höhe von 250 m. Bis 1877 war sie die einzige Verbindung von Marina Grande nach Anacapri. Ebenfalls reizvoll und weniger anstrengend ist der Weg hinunter von Anacapri aus.

Von der **Piazza Vittoria** 3 am Molo fahren die Standseilbahn *Funicolare* und Busse in die 142 m hoch gelegene Altstadt. Eine Treppe gibt es auch.

Von der Altstadt an die Südküste

Das Zentrum von Capri-Ort ist die **Piazza Umberto I** 4, in einsichtiger Bescheidenheit Piazzetta genannt. Das intime Plätzchen ist für die Heerscharen von Touristen aus aller Welt wahrlich zu klein. Geschiebe, Gedränge und babylonisches Sprachgewirr herrschen auf diesem Jahrmarkt der Eitelkeiten um die alte *Torre dell' Orologio*, welche die überfüllten Caféterrassen kulissenhaft überragt.

Die im 17. Jh. anstelle eines gotischen Vorgängerbaus erbaute Pfarrkirche **Santo Stefano** 5 ist eine sehr eigenwillige Barockschöpfung. Teils ist sie nach Plänen Francesco Antonio Picchiattis entstanden, teils der blühenden Fantasie des

Ein Plätzchen kommt zur Ruhe – die Piazza Umberto I bei Nacht

amalfitanischen Baumeisters Marziale Desiderio entsprungen. Bemerkenswert im *Inneren* ist der farbig inkrustierte Marmorfußboden, dessen Einzelteile aus Tiberius' Villa Jovis stammen. Capreser schreiben dem Tafelbild in der Cappella del Rosario Wunderkräfte zu: Von den Sarazenen ins Meer geschleudert, kehrte es angeblich von selbst wieder an seinen Platz zurück.

Santo Stefano wendet seine Front der Piazzetta Cerio und dem **Palazzo Cerio** 6 zu. Er ist Sitz der Cerio-Stiftung und des *Centro Caprense Ignazio Cerio* (Tel. 08 18 37 66 81, www.centrocaprense.org, Mo/Di und Do 11.30–15.30, Mi/Fr 10–13 Uhr) mit seinen archäologischen und naturwissenschaftlichen Sammlungen, die ein umfangreiches Herbarium der lokalen Flora umfassen.

Hinter der Piazzetta Cerio beginnt das enge Gassengewirr der malerischen Altstadt, die sich ab dem 11. Jh. um die kleine *Chiesa Santa Maria delle Grazie* entwickelte. Vom Palazzo Cerio gelangt man über eine Treppe in die schmale, ladengesäumte, teils überdachte Via Madre Serafina, die zum Kloster der Theresianerinnen und zur Kirche **San Salvatore** 7, einer Gründung von Suor Serafina di Dio (1621–89), führt. Die schriftstellerisch ambitionierte und streitbare Nonne, Leiterin und Gründerin mehrerer Klöster auf Capri, wurde wegen der Verbreitung theologischer Irrlehren angeklagt und der Ketzerei für schuldig befunden. Im *Inneren* der von Dionisio Lazzari entworfenen, unvollendet gebliebenen Kirche sind bemerkenswerte Altäre mit antiken Säulen aus der Villa Jovis zu sehen.

Die eklektische, vage maurisch anmutende **Villa Narcissus** 8 trägt auch nach mehrmaligen Umbauten noch immer die Handschrift des amerikanischen Malers Charles Cyril Coleman, der sie auf den Überresten eines Gebäudes aus dem 15. Jh. errichten ließ, das er 1874 erworben hatte. Etwas weiter erreicht man über die steil ansteigende, überdachte Via Castel-

lo den **Belvedere Cannone** 9. Seinen Namen hat der Aussichtsplatz von einer Kanone, die von den Franzosen 1808 zur Verteidigung des südlichen Inselteils aufgestellt wurde. Berühmt ist der strategische Platz unter dem Namen *Terrazza dei Pittori*, Terrasse der Maler, wegen des bildschönen Panoramablicks auf die Marina Piccola und das Küstenprofil.

Via Vittorio Emanuele und Via Serena führen von der Piazzetta zu den **Giardini d'Augusto** 10, die der deutsche Industrielle Friedrich Alfred Krupp Anfang des 20. Jh. anlegen ließ. Vom reizvoll terrassierten Park, der über den Resten einer römischen Siedlung entstand, blickt man meerwärts zur Marina Piccola, zu den *Faraglioni-Klippen* im tiefblauen Wasser und über das Hügelland im Inselinneren. 1968 wurde in den Giardini ein Lenin-Denkmal von Giacomo Manzù errichtet.

In der Nähe, in einem zur Bucht hin abfallenden Hochtal, erhebt sich TOP TIPP die **Certosa di San Giacomo** 11 (Tel. 08 18 37 62 18, Mai Di–So 10–18, Juni–Aug. bis 19, Sept./Okt. bis 17, Nov./Dez. Di–So 9–14 Uhr), ein 1371 von dem Capreser Grafen Giacomo Arcucci, dem Sekretär der Königin Johanna I. von Neapel, gegründetes Kartäuserkloster. Mit den weißen, maurisch anmutenden Kuppeln, den capresischen Tonnendächern und einem barocken *Campanile*, den originelle Voluten krönen, steht die monumentale Anlage für einstigen Kunstsinn und Wohlstand, sie gilt als ein Hauptwerk der capresischen Architektur. Die Klosterbauten gruppieren sich um einen aus dem 14. Jh. stammenden kleinen Kreuzgang und um den großen Renaissance-Kreuzgang aus dem 16. Jh. Sie sind gebettet in einen *Garten* mit wunderschönem Panoramablick auf Meer und Küste. Das Refektorium ist heute Heimstatt des **Museo Diefenbach** (Di–So 9–14 Uhr). Es präsentiert die großformatigen düsteren Gemälde des Wahlcapresers Karl Wilhelm Diefenbach (1851–1913). In einem Saal sind zudem römische Statuen versammelt, die man 1964 am Grund der Grotta Azzurra [s. S. 72] fand.

Bei den Giardini d'Augusto beginnt die grandiose, kurvenreiche, 1902 in die Felswand geschlagene **Via Krupp** 12, die als Fußweg vom Hotel Quisisana zur Marina Piccola konzipiert wurde. Sie führt an der Torre Saracena vorbei, die Teil einer alten Wehranlage ist, und mündet in die Via Marina Piccola. Die gewagt überhängenden Felsen entlang des Weges (an Schlechtwettertagen geschlossen) sind aufwendig gegen Steinschlag gesichert.

Die **Marina Piccola** 13, der südliche Anlegeplatz Capris, war früher den Korallenfischern vorbehalten, wurde aber schon 1934 für den Badetourismus entdeckt. Den kleinen Hafen kann man außer über die Via Krupp zu Fuß auch von der Via Roma aus über die Via Mulo (viele Stufen!) erreichen, oder per Bus ab der

Die Certosa di San Giacomo ist eingebettet in grüne Hügel mit Blick auf Meer und Felsen

Pech für Goethe

»Man reist ja nicht, um anzukommen, sondern um zu reisen«, bemerkte **Johann Wolfgang von Goethe**, von seiner Italienischen Reise zurückgekehrt, gegenüber Caroline Herder. Die Erkenntnis schmückt den Dichterfürsten, Philosophen, Naturforscher und Leiter der Finanzkammer von Sachsen-Weimar und gewinnt noch eine ganz andere Tragweite, vergegenwärtigt man sich folgende Episode aus dem Jahre 1787.

Damals schien **Capri** dem Italienreisenden mit schroffer, potentiell sogar tödlicher Ablehnung zu begegnen. Goethes Schiff, bei absoluter Windstille manövrierunfähig der Strömung ausgesetzt, trieb näher und näher auf die Klippen der Insel zu. Der Dichter, von Seekrankheit ermattet, zog sich schicksalsergeben in seine Kajüte zurück. Die Nachricht von aufkommendem Wind in allerletzter Minute kommentierte er mit Genugtuung: Der dem Verderben Entronnene war heilfroh, die »gefährliche Felseninsel« hinter sich lassen zu können. Er hat sie niemals betreten.

Für ihn war sie alles andere als »Gottes Meisterwerk«, wie **Pablo Neruda** empfand, kein »prunkvoller Tempel an einem Festtag« wie für **Maxim Gorki**. Nie hat Goethe die Insel mit den Augen von **Norman Douglas** in den »Farben der Damaszenervase« leuchten sehen oder »geheimnisvoll schwebend auf durchsichtigem Wasser« erblickt wie **André Gide**. Goethe kann also keinesfalls als Vorreiter in Anspruch genommen werden, wenn es um jene **capriseligen Dichter** aus aller Welt geht, für deren Werke die Insel als Sujet oder als Entstehungsort eine große Rolle spielte: für Rainer Maria Rilke und Axel Munthe, Hans Christian Andersen und August von Platen, Curzio Malaparte und Victor von Scheffel, Gerhart Hauptmann und Theodor Däubler, Graham Greene und Paul Heyse.

Johann Wolfgang von Goethe verfiel nicht dem Zauber Capris, er entkam dem Schrecken, den es für ihn bereithielt, mit knapper Not. Capri sehen und sterben? – Man reist ja schließlich, um immer weiterzureisen, nicht um den Tod zu finden, oder, Herr Geheimrat?

Piazza Umberto I. Die felsige Landzunge **Scoglio delle Sirene** 14, eigentlich ein alter römischer Hafendamm, teilt die Badebuchten. Zu beiden Seiten sind diese eng und verfügen nur über schmale Kiesstrände oder kleine flache Felsvorsprünge, doch die Strandbäder, das elegante *La Canzone del Mare* (www.lacanzonedelmare.com) und **Da Luigi ai Faraglioni**, die hübsche Anlage gegenüber den rätselhaften Felsgebilden der Faraglioni, bieten Komfort und Genuss für Badegäste. Die wunderbarste Aussicht gibt es gratis dazu.

TOP TIPP

Von der Piazzetta zur Villa Jovis

Etwa 45 Min. braucht man zu Fuß von der Piazzetta über Via Longano und Via Tiberio, an der *Cappella San Michele* und Sommerhäusern mit üppig blühenden Gärten vorüber, zur **Villa Jovis** 15 (Mitte März–April, Sept./Okt. Di–So 10–17, Mai bis 18, Juni–Aug. bis 19, Nov./Dez. bis 16 Uhr). Die Prunkvilla des Tiberius wurde zu Beginn des 1. Jh. n. Chr. errichtet. Der terrassenartig angelegte Baukomplex bedeckte einst eine Fläche von 7000 m^2. Schon allein die Mauerreste geben eine gute Vorstellung von der imposanten Anlage, die sich dem geschwungenen Geländeprofil perfekt anpasste und unten in kühn vorkragenden, scheinbar der Schwerkraft enthobenen Terrassen über dem Meer ausklang.

Zahlreiche Legenden ranken sich um eine der Aussichtskanzeln, den *Salto di*

Kleiner Hafen, großes Badevergnügen – hübscher Badeplatz an Capris Südküste

Tiberio über einer 328 m jäh zum Meer abfallenden Felswand. Ließ der römische Imperator an dieser Stelle tatsächlich seine Feinde in den Tod stürzen?

Zu besichtigen sind in der Villa Jovis die Überreste von Zisternen und Thermen, von Repräsentationsräumen, dem Speisesaal und einem halbrunden Saal am Ende der Landzunge. Von der kaiserlichen Wohnung ist es nicht weit zum atemberaubenden, 92 m langen Wandelgang, der, in die Steilküste geschlagen, das ganze Panorama des Sirenengolfs von Ischia bis zur Sorrentinischen Halbinsel jenseits der *Bocche di Capri* erschließt.

Rund 100 m südlich der Villa Jovis trifft man auf die Ruinen des *Faro*, jenes Leuchtturms, der durch Weiterleitung der Feuersignale mithilfe der Leuchttürme von Punta Campanella und Capo Miseno die Nachrichtenübermittlung von Capri bis ins kaiserliche Rom und in umgekehrter Richtung ermöglichte.

Hoch über dem Meer, mit Blick auf die Villa Jovis, lagern in einem romantisch verwilderten Garten die Reste der **Villa Fersen** 16. Ihr einstiger Besitzer, Jacques Comte d'Aldelsward Fersen (1879–1923), wurde nicht so sehr durch seine Dichtkunst berühmt, sondern durch seinen für die Moralvorstellungen jener Zeit skandalösen Lebenswandel: Der Graf lebte mit einem römischen Zeitungsjungen zusammen, veranstaltete ausschweifende Feste und setzte schließlich im Drogenrausch seinem Leben selbst ein Ende. Heute ist das Anwesen unter dem Namen Villa Lysis im Besitz der Fondazione Capri, die das architektonisch hochinteressante Gebäude für kulturelle Initiativen vermietet.

Inselrundfahrt ab Marina Grande

Erstes Ziel eines Bootstrips sind die **Bagni di Tiberio** 17 mit den römischen Ruinen des *Palazzo a Mare* an der Nordküste. Weiter geht die Fahrt an einem eindrucksvoll zerklüfteten Kalkriff entlang zur Punta di Gradola und zur *Grotta Azzurra* [s. S. 72]. Einen guten Überblick hat man vom Boot aus über die anschließenden großen Buchten der einsamen **Westküste**, der Cala del Rio, Cala del Mezzo und Cala del Limmo.

Hinter dem Leuchtturm, dem zweitwichtigsten Italiens, an der **Punta Carena** 18 durchzieht eine Reihe von Grotten die steilen Klippenwände der **Südküste** zwischen Punta Marmolata und Punta Ventroso: die *Grotta dei Santi* mit eigenartigen Kalksteinformationen, die an Heiligenfiguren erinnern, die dunkle *Grotta Rossa* und die *Grotta Verde* mit ihren überraschenden Licht- und Farbeffekten.

Im weiteren Küstenverlauf wechseln steile, höhlenlose Abschnitte wie bei Marina Piccola mit höhlenreichen in der Nähe des östlichen Inselkaps. Beim *Porto di Tragara* werden die **Faraglioni** 19, die Wahrzeichen Capris, umrundet. Die drei Kalksteinfelsen Faraglione di Mezzo, Faraglione di Fuori und Faraglione di Terra wachsen stolz aus dem je nach Sonnenstand tiefblauen oder smaragdgrünen Wasser. Überwältigend ist das Panorama mit Blick auf die Faraglioni auch von der dahinter liegenden **Punta di Tragara** 20, die man auf dem Landweg vom Ort Capri aus über die hübsche Via Tragara erreicht. Sogar die Aussicht *auf* einen Aussichtspunkt kann auf Capri atemberaubend sein! An Bord des Bootes lässt man den einsamen Felsen Il Monacone hinter sich und gelangt zur Punta Massullo mit der **Villa Malaparte** 21. Leider kann die Villa, eine wahre Architekturikone, nicht besichtigt werden. Hingestreckt wie eine Raubkatze liegt sie – rot bemalt und 54 m lang – auf dem kargen Felsrücken. *Curzio Malaparte* (1898–1957), eigentlich Kurt Erich Suckert, war politisch engagierter Literat, Offizier und Diplomat. Berühmt machten ihn die schonungslosen Romane ›Kaputt‹ und ›Die Haut‹, die auf Malapartes Erlebnissen als Berichterstatter im Zweiten Weltkrieg basieren, drastische Schilderungen von Hunger, Zerstörung und moralischem Verfall, kalter Entfremdung und tiefer Freundschaft.

Entlang der **Ostküste**, an der Cala di Matermania, liegen die Grotta del Moschino und die Grotta dei Preti, die Grotta Bianca und die **Grotta Meravigliosa** 22 mit ihren bizarren Lichteffekten und Stalaktitformationen. Am Ostkap ragen zerklüftete Klippen steil ins Blau. Die Marina di Caterola mit ihrem Riff hinter sich lassend, erreicht man schließlich wieder die Marina Grande.

Seit 2000 Jahren genießt die Augustusstatue das Panorama der Faraglioni

Capris Hafen Marina Grande – Start- und Endpunkt für eine Inselrundfahrt mit dem Boot

i Praktische Hinweise

Information

AACST, Piazzetta Ignazio Cerio 11, Capri, Tel. 08 18 37 04 24, www.capritourism.com

Hafen

Fähren von Neapel, Sorrent, Castellamare di Stabia, Positano und Amalfi. Aliscafi landen in Marina Grande.

Hotels

*******Grand Hotel Quisisana**, Via Camerelle 2, Capri, Tel. 08 18 37 07 88, www.quisi.it. Luxusherberge (148 Zi.) mit Stil in der Nähe der Piazzetta, illustre Gäste, Swimmingpools, Hallenbad, Bars und Restaurants.

*******Punta Tragara**, Via Tragara 57, Capri, Tel. 08 18 37 08 44, www.hoteltragara.com. Vornehmes Haus (44 Zi.) in bestechender Lage nahe den Faraglioni mit Garten, Pools, Bar und Restaurant.

TOP TIPP ******Villa Brunella**, Via Tragara 24, Capri, Tel. 08 18 37 01 22, www.villabrunella.it. In Grün gebettetes Hotel (8 Zi., 12 Suiten) an einem terrassierten Hang. Steile Treppe führen zum Meer.

*****Villa Krupp**, Via Matteotti 12, Capri, Tel. 08 18 37 03 62, www.villakrupp.com. Helles, sauberes Albergo in wunderschöner Lage gegenüber den Faraglioni-Felsen.

*****Villa Sarah**, Via Tiberio 3A, Capri, Tel. 08 18 37 78 17, www.villasarahcapri.com. Ruhig in einer grünen Oase gelegen und dennoch nahe am Ortszentrum.

Restaurants

La Capannina, Via le Botteghe 12/14, Capri, Tel. 08 18 37 07 32, www.capanninacapri.com. Elegantes, teures Veranda-Lokal in der Nähe der Piazzetta. Fischspezialitäten und Inseltypisches.

Quisi, Via Camerelle 2, Capri, Tel. 08 18 37 07 88, www.quisisana.com. Elegantes Abendrestaurant des Hotels Quisisana mit bester internationaler Küche.

Terrazza Brunella, Via Tragara 24, Capri, Tel. 08 18 37 01 22, www.terrazzabrunella.com. Im Restaurant der Villa Brunella kann man mit Blick auf die Faraglioni *Pasta di zucchini e scampi* schlemmen.

16 Anacapri

Traditionelles Dorf an den Hängen des Monte Solaro.

Anacapri, 275 m hoch gelegen, von Capri durch die Gebirgszüge des Monte Solaro und Monte Capello getrennt und vom Hauptort der Insel über die Strada Provinciale Anacapri zu erreichen, ist beschaulich, ländlich, freundlich. Von der **Piazza Vittoria** führen die Via Capodimonte und der von allzu vielen Läden gesäumte Viale Axel Munthe zur berühmten weißen **Villa San Michele** 23 (Tel. 08 18 37 14 01, www.villasanmichele.eu, Mai–Sept. tgl. 9–18, April, Okt. 9–17, Nov.–Febr. 9–15.30, März 9–16.30 Uhr). Der schwedische Arzt, Sammler und Schriftsteller *Axel Munthe,* Autor des Romans ›Das Buch von San Michele‹, wurde 1887 auf Capri sesshaft und ließ sein Traumhaus in malerischer Lage am Rande der Steilabstürze des Monte Solaro bauen: Unwiderstehlich ist das Panorama, romantisch die schattige Pergola. Die Villa selbst überzeugt jedoch weniger: Zu bunt ist die Stilmixtur. In die Anlage wurden Überreste einer römischen Villa, ein schlichtes Bauernhaus und eine Kapelle miteinbezogen. Heute ist das Anwesen als *Munthe-Museum* mit einem Sammelsurium mehr oder weniger sehenswerter Gegenstände bestückt. Das ›Buch von San Michele‹ entstand nicht in der Villa, sondern in der Torre Materita (nicht zugänglich) im Garten, in die sich der erblindende Autor zurückgezogen hatte.

TOP TIPP

Studierzimmer des Schriftstellers Axel Munthe in seiner Villa am Monte Solaro

Sehr lohnend ist die Fahrt mit dem Sessellift *Seggiovia* (Via Caposcuro 10, nahe Piazza Vittoria, Tel. 08 18 37 14 38 www.capriseggiovia.it, März/April 9.30–16, Mai–Okt. 9.30–17, Nov.–Febr. 9.30–15.30 Uhr) über Weinberge, Gärten, Kiefernhaine und immergrüne Macchia hinauf zum **Monte Solaro** 24. Die Aussicht vom 589 m hohen Gipfel ist grandios: steile Abstürze ins Meer und grüne Weite, weiß getupft von Häusern.

Über die Piazza Vittoria und die Hauptstraße **Via Orlandi** geht es zur *Casa Rossa,* die einen aragonesischen Wehrturm umschließt. Er birgt heute ein kleines archäologisches Museum. Durch die ab-

Axel Munthes Villa San Michele – Traumhaus mit Traumblick über Capri und den Golf

Wie wäre es mit ein paar Fläschchen ›Caprisonne‹ für zuhause?

zweigende Via San Nicola erreicht man die barocke **Chiesa San Michele** 25 (Piazza San Nicola, Tel. 08 18 37 23 96, www.chiesa-san-michele.com, April–Sept. tgl. 9–19, Okt.–März 10–15 Uhr). Berühmt ist die 1719 auf oktogonaler Grundfläche errichtete Kirche wegen ihres wunderbaren *Majolika-Fußbodens*, ein Werk des abruzzesischen Künstlers Leonardo Chiarrese. Die Bildfelder schildern die ›Vertreibung Adams und Evas aus dem Paradies‹, die Komposition geht auf Entwürfe von Francesco Solimena zurück.

Auf einer kleinen Anhöhe bei der Piazza Armando Diaz steht die **Chiesa Santa Sofia** 26 aus dem 16. Jh. mit asymmetrisch angeordneten Kuppeln und Glockentürmchen. Die geschwungene gelb-weiße Fassade stammt aus dem 18. Jh. Anschließend schlendert man durch **Le Boffe** 27, eines der ältesten Viertel Anacapris mit pittoresken Gassen und romantischen kleinen Plätzen.

TOP TIPP Von Le Boffe führt eine kurvenreiche Autostraße zur **Grotta Azzurra** 28 (tgl. 9–17 Uhr, bei starkem Seegang geschl.). Das ›Wunder Capris‹, eine zur Hälfte unter dem Meeresspiegel liegende Karsthöhle, erhält seine zauberhafte Blautönung vom Tageslicht, das durch eine große Felsöffnung unter Wasser eindringt und sich dort wie ein Spiegel bricht. Die 54 m lange, 15 m hohe und 30 m breite Höhle war schon in römischer Zeit bekannt und diente vermutlich als Nymphäum. 1964 am Grund der Grotte gefundene antike *Marmorstatuen* sind im Museo Diefenbach [s. S. 66] ausgestellt. Nachdem sie jahrhundertelang in Vergessenheit geraten war, wurde die Blaue Grotte, deren Verzweigungen und Nachbarhöhlen noch weitgehend unerforscht sind, erst 1826 von dem deutschen Dichter August Kopisch während einer Boots-

Solo in der Grotta Azzurra – lässt sich eine schönere Fahrt ins Blaue denken?

fahrt zufällig wiederentdeckt. Die Grotte kann auch per Boot von Marina Grande aus angefahren werden. Im Sommer ist der Andrang vor dem Eingang (Wartezeit einplanen!) gewaltig, Passage und Eintrittsgebühren sind überteuert.

Von der Grotte führt ein schmaler Weg steil bergan zur **Villa Damecuta** 29, doch von der Sommervilla des Tiberius zeugen nur mehr spärliche Reste.

i Praktische Hinweise

Information

Ufficio Informazioni, Via Giuseppe Orlandi 59, Anacapri, Tel. 08 18 37 15 24, www.capritourism.com

Hotels

*****__Caesar Augustus__, Via Giuseppe Orlandi 4, Anacapri, Tel. 08 18 37 33 95, www.caesar-augustus.com. Luxushotel in atemberaubender Panoramalage mit schönen Zimmern und zauberhaftem Infinity-Pool unweit der Villa San Michele (Nov.–Mitte April geschl.).

***__Villa Ceselle__, Via Monticello 4 D, Anacapri, Tel. 08 18 38 22 36, www.villaceselle.com. Die Villa aus den 1920er-Jahren war einst Künstlertreff mit Stars wie Asta Nielsen. Heute bietet das Anwesen modernen Komfort, die Zimmer sind teilweise mit Meerblick (Nov.–März geschl.).

Restaurants

Da Gelsomina, Via Migliara 72, Anacapri, Tel. 08 18 37 14 99, www.dagelsomina.com. Ländliches Terrassenrestaurant an der Südküste nahe dem Belvedere di Migliera. Typische Inselküche (Do geschl.).

TOP TIPP **Il Riccio**, Via Gradola 4, Anacapri, Tel. 08 18 37 13 80, www.capripalace.com. Das traditionsreiche Terrassenrestaurant (1 Michelin-Stern) in der Nähe der Grotta Azurra ist einer der schönsten Plätze der Insel mit feinster Fisch- und Meeresfrüchteküche.

La Taberna degli Amici, Via Caprile 5, Anacapri, Tel. 08 18 37 04 75. Restaurant mit Terrasse zur Straße und leckeren Speisen zu moderaten Preisen.

Von Neapel nach Caserta – Abstecher in die Campania felix der Römer

Die Küste rund um den Golf von Neapel genießt Berühmtheit wegen ihrer landschaftlichen Reize, doch malerische Ansichten lassen sich auch im Hinterland von Neapel, in den weiten, fruchtbaren Ebenen Kampaniens, finden. Hier sieht man wogende Weizenfelder, silbrig schimmernde Olivenhaine, ausgedehnte Gemüsekulturen und Weinberge, in denen die Trauben zur Erntezeit vor Saft beinahe platzen. Das ganze Glück der *Campania felix* der Römer ist in uralten Erinnerungsbildern gegenwärtig. Für Reisende verlockend sind traditionsreiche, stille Orte wie **Aversa, Capua** und **Caserta Vecchia,** imposante Bauten wie die Königsresidenz *Palazzo Reale* von Caserta, die romanische Basilika *Sant'Angelo in Formis* bei Capua und in **Santa Maria Capua Vetere** das *Anfiteatro Campano.*

17 Aversa

Erste Hauptstadt der Normannen in Italien. Geburtsort des Komponisten Domenico Cimarosa.

Vor über tausend Jahren, 1030, eroberten die Normannen die Festung des an der Via Appia gelegenen Ortes *Atella.* Ihr Anführer Rainulf, ebenso kampfeslustig wie weitblickend, baute Atella zur Hauptstadt der ersten normannischen Grafschaft in Italien aus. Und das spätere Aversa erlebte einen raschen Aufstieg.

In der Blütezeit entstand auch der **Duomo San Paolo**, er wurde 1090 vollendet. Erdbeben und Brände setzten ihm zwar später arg zu, doch das mächtige Gewölbe der Apsis und die Kuppel im arabisch-normannischen Stil blieben erhalten. Der die Horizontale betonende *Innenraum* wirkt durch einen Wald von 128 Marmorsäulen, die auf den romanischen Chorumgang aus dem 11. Jh. einstimmen, feierlich und edel. Die größte Kostbarkeit ist ein *Relief* mit der Darstellung ›Der hl. Georg tötet den Drachen‹ aus dem 9./10. Jh.

Aversa ist die Geburtsstadt von *Domenico Cimarosa* (1749–1801), dem bedeutendsten Komponisten komischer Opern aus der Epoche vor Rossini. Von seinen mehr als 60 Bühnenwerken, die Stendhal einst ebenso euphorisch wie übertrieben denen Mozarts gleichsetzte, findet sich nur mehr die anmutig-graziöse, 1792 in Wien uraufgeführte Oper ›Il Matrimonio Segreto‹ (Die heimliche Ehe) gelegentlich auf den Spielplänen von Theatern.

In Capuas Museo Campano faszinieren Sitzfiguren der Muttergottheit Mater Matuta

Praktische Hinweise

Hotel

*****Del Sole**, Piazza Mazzini 27, Aversa, Tel. 08 18 90 12 66, www.hoteldelsole-aversa.com. Einfaches Hotel mit Restaurant im Zentrum.

Im Herzen Capuas – Piazza dei Giudici mit Municipio und Chiesa di Sant' Eligio

18 Capua

Mittelalterliches Städtchen in der Flussschlinge des Volturno.

Die SS 7 erreicht Capua, das römische *Casilinum,* am Ufer des Volturno. Das von Mauern umringte Städtchen an der Via Appia Antica, Nachfolgerin des zerstörten antiken Capua [s. S. 77], erweckt nicht den Eindruck, sich wichtig zu nehmen. Den Status als Hauptstadt der Campania felix hatte es bereits mit dem Ende der Langobardenherrschaft im 11. Jh. verloren, seine ehemals strategische Bedeutung büßte es jedoch erst unter spanischer Herrschaft ein.

Die Reste des **Ponte Vecchio Romano** mit den mächtigen Turmstümpfen der *Porta di Capua,* die Friedrich II. 1234 errichten ließ, sieht man am Nordufer des Volturno, am Südufer aber führt der **Corso Appio** in die Altstadt. An der links abzweigenden Via Duomo erhebt sich der von den Langobarden 856 gegründete, später vielfach umgebaute **Duomo Santi Stefano e Agata**. Die Säulen seines Atriums sind antik, in den Seitenkapellen sieht man goldgrundige Altarretabel des 13.–15. Jh., im Langhaus einen kunstvoll reliefierten Osterleuchter (13. Jh.).

TOP TIPP Folgt man der Via Duomo, gelangt man zum **Museo Provinciale Campano** (Via Roma 68, Tel. 08 23 62 00 76, www.museocampano.it, Di–Sa 9–13.30, So 9–13, Di und Do auch 15–18 Uhr). Es präsentiert Funde aus dem Amphitheater von Santa Maria Capua Vetere, ferner Stelen und Inschriftensteine aus dem Besitz des Historikers Theodor Mommsen. Glanzstücke aber sind die urtümlichen Sitzstatuen der Muttergottheit *Mater Matuta* mit Kindern als Fruchtbarkeitssymbolen aus einem Heiligtum bei

Capua. Die ältesten datieren ins 7. Jh. v. Chr. In der Mittelalterabteilung des Museums begegnet man staufischen Skulpturen von der Porta di Capua.

Wieder auf dem Corso Appio geht es weiter zur *Piazza dei Guidici* mit dem **Palazzo del Municipio**, in dessen Fassade Götterbüsten vom Capuaner Amphitheater verankert sind ist. Nebenan erfreut die **Chiesa di Sant'Eligio** mit einer klassisch-eleganten Tafelfassade des Jahres 1742. Weiter südlich schwebt über dem Corso Appio die schlanke Kuppel der **Chiesa dell'Annunziata.** Ein paar Schritte weiter gewahrt man das **Castello dei Principi Normanni**, den Burgpalast der Normannen von 1062 mit Wehrturm. Die grazilen Doppelbogenfenster mit Säulchen sind Zutaten des 15. Jh. Am *Largo Napoli* bilden das Teatro Ricciardi (18./20 Jh.) und die Porta Napoli (16. Jh.) ein interessantes Ensemble, auf das aus einiger Entfernung das sternförmige **Castello di Carlo V.** (1542–52) blickt.

5 km nordöstlich, am Hang des *Monte Tifata*, steht die **Basilica Sant'Angelo in Formis** (tgl. 9.30–12.30 und 15.30–18.30 Uhr), im 10. Jh. über den Resten eines Diana-Tempels erbaut und im 11. Jh. erneuert. Ein spitzbogiger Portikus geleitet ins Innere, das mit farbenfrohen *Fresken* ausgemalt ist. Sie zeigen Szenen des Alten und Neuen Testaments.

Sant'Angelo in Formis – thronender Christus begleitet von Engeln und Evangelistensymbolen

Gewaltiger Baukörper – das Anfiteatro Campano von Santa Maria Capua Vetere

i Praktische Hinweise

Information

Pro Loco, Piazza dei Giudici 6, Capua, Tel. 08 23 96 27 29

Restaurant

Ex Libris, Corso Gran Priorato di Malta 25, Capua, Mobil 39 31 57 16 55. Restaurant, Bar und Eventlocation, modernes Ambiente.

19 Santa Maria Capua Vetere

50 000 Zuschauer fasste das Amphitheater. In der Gladiatorenschule lernte Spartakus sein Handwerk.

Die von Etruskern als *Volturnum* gegründete Siedlung hieß später Capua und war bis zu seiner Allianz mit Hannibal im 2. Punischen Krieg ein geschätzter Bündnispartner Roms. Die Titus Livius zufolge bevölkerungsreichste Stadt Italiens wurde im 5. Jh. n. Chr. von den Vandalen unter Geiserich zerstört und – ein Stück weiter, in *Casilinum*, neu gegründet. Das heutige Santa Maria Capua Vetere bewahrt die Ruinen des **Anfiteatro Campano** (Piazza I Ottobre 1860, Tel. 08 23 84 42 06, Di–So 9 Uhr bis 1 Std. vor Sonnenuntergang). Es wurde in augusteischer Zeit, im 1. Jh. n. Chr., errichtet und unter Hadrian erneuert. Mit seinen vier Arkadengeschossen und 50 000 Zuschauerplätzen stand es dem Kolosseum in Rom nur um weniges nach. In der Kämpferschule von Capua lernte der thrakische Sklave *Spartakus* das Gladiatorenhandwerk, bis er 73 v. Chr. floh und zum Anführer des zwei Jahre währenden glücklosen Aufstandes gegen die Römer avancierte.

Über die Via Anfiteatro erreicht man das **Mitreo** aus dem 2. Jh. n. Chr., ein dem Gott Mithras geweihtes unterirdisches Heiligtum. Der aus Kleinasien stammende Mysterienkult war damals auch bei den Römern verbreitet. *Wandmalereien* stellen die geheimen Initiationsriten dar.

20 Caserta

Ein Bourbonenpalast mit 1217 Zimmern und eine Weihnachtskrippe mit Hunderten von Figuren.

Dort, wo die *Campania felix* sanft in das Hügelland der *Monti Tifatini* übergeht, liegt Caserta. Die Provinzhauptstadt ist jung, maßvoll modern, doch für Besucher meist nur ein Annex zum imposanten **Palazzo Reale** (Via Douhet 2, Tel. 0823448084, www.reggiadicaserta.beniculturali.it, Mi–Mo 8.30–19.30 Uhr), auch *Reggia di Caserta* genannt und seit 1997 UNESCO-Weltkulturerbe. *Karl III. von Bourbon*, König von Neapel und Sizilien mit vollen Staatskassen und aufklärerischen Ideen, gab die ausufernde Sommerresidenz in Auftrag, um die später eine neue königliche Hauptstadt wachsen sollte. Als Architekt wählte er den päpstlichen Barockbaumeister *Luigi Vanvitelli*. 1752 begannen die Bauarbeiten, 20 Jahre später war das Schloss bezugsfertig, aber erst 1845 wurde es vollendet.

TOP TIPP

Die geplante Königsstadt *Villa Reale*, als Herzstück eines modernen konkurrenzfähigen Staates und von ihm geförderter Industriebetriebe gedacht, der Traum Karls, wurde nie verwirklicht. Der Monarch residierte als spanischer König längst in Madrid und der letzte große Palastbau am Vorabend der Französischen Revolution blieb trotz seines wahrhaft majestätischen Gepräges ein Haus ohne Zukunft. Karls Nachfolger wohnten gelegentlich und auf Abruf hier, der glücklose Joachim Murat brachte eigene Möbel mit, Italiens Könige waren seltene Gäste. Zum glanzvollen Mittelpunkt eines Königreichs wurde die Reggia auf jeden Fall nicht. Schauplatz eines bedeutenden politischen Ereignisses war sie allerdings, als der britische Lord Alexander hier im Jahre 1945 die *Kapitulation* der deutschen Streitkräfte in Italien entgegennahm.

Inbegriff von edler Größe und endloser Reihung – der Palazzo Reale von Caserta

Vanvitelli gab dem riesigen, 250 m langen und 202 m breiten, um vier Innenhöfe angelegten Baukomplex mit 1217 Zimmern eine in ihrer Schlichtheit sehr noble **Fassade** aus Travertin und Back-

stein, die nicht erahnen lässt, dass im **Inneren** Prunk und Luxus herrscht. Wahrhaft königlich ist schon allein die spätbarocke *Prunktreppe*, eine der Bühnen für das spanische Hofzeremoniell und mit ihrer ausschweifenden Raumgestaltung und den sich dadurch ergebenden überraschenden Durchblicken und Lichtef-

Luigi Vanvitellis Prunktreppe – heraldisches Personal und opernhafte Prospekte

Schlummern mit Krone und Baldachin – die königliche Schlafkammer des Palazzo Reale

fekten eine Meisterleistung. Die Treppe geleitet hinauf zur großen *Cappella Palatina* mit der Königsempore und dem dahinter liegenden *Teatro di Corte*, einer kleinen bezaubernden Bühne. Linkerhand öffnen sich die *Appartamenti Reali*, die königlichen Gemächer. Das Auge schwelgt in Marmor, Stuck und Vergoldungen, wertvollen Möbeln, Gobelins, Teppichen, Seidentapeten, Spiegeln, Gemälden und Skulpturen. Auf dem Weg durch die Raumfluchten trifft man auf die Bibliothek, in deren Sälen eine *Pinacoteca* mit italienischer und holländischer Malerei untergebracht ist, und durchschreitet den riesigen, goldverbrämten Thronsaal *Sala del Trono* mit den Medaillons der Könige im oberen Fries und einem farbenfrohen Deckengemälde. Stürmisch bewegt zeigt sich der Figurenreigen am Plafond des *Alexandersaals*, denn es gilt ›Alexanders Hochzeit mit Roxane‹ zu zelebrieren. Zu den Akteuren gehören Krieger und Löwen, Putten und ein Dromedar. Im Krippensaal steht eine bravouröse *Weihnachtskrippe* mit Hunderten von äußerst lebendig wirkenden Figuren, die von neapolitanischen Künstlern geschnitzt wurden.

Der große Luigi Vanvitelli zeichnete auch die Pläne für den **Park** (März Mi–Mo 8.30–16, April Mi–Mo 8.30–17, Mai, Sept. Mi–Mo 8.30–17.30, Juni–Aug. Mi–Mo 8.30–18, Okt. Mi–Mo 8.30–16.30, Nov.–Febr. Mi–Mo 8.30–14.30 Uhr), doch sein Sohn Carlo Vanvitelli, 1779 mit der Ausführung betraut, beschnitt allzuviel barocken Überschwang. Besonders beeindruckend ist die etwa 3 km lange Hauptallee, die von bombastischen Wasserspielen, dramatischen Skulpturengruppen sowie abgezirkelten Blumenbeeten und manikürten Hecken gesäumt wird. Den würdigen Schlussakkord in dieser Inszenierung setzt die 78 m hohe *Große Kaskade* mit dem Dianabrunnen. Rechterhand führt ein Weg in den verträumten *Giardino Inglese*, den die Gattin Ferdinands IV., Maria-Theresia-Tochter Marie Caroline, mit einem See, exotischen Pflanzen, Waldstücken und künstlichen Ruinen anlegen ließ. Links vom Hauptweg, in Schlossnähe, steht die *Castelluccia* – und lässt etwaige schwärmerische Träume wieder zerstieben: Früh sollten die königlichen Prinzen in der runden Spielzeugfestung Kriegsstrategien erlernen.

i Praktische Hinweise

Information

EPT, Palazzo Reale, Caserta,
Tel. 08 23 32 11 37,
www.eptcaserta.it

Hotels

****Europa, Via Roma 19, Caserta, Tel. 08 23 32 54 00, www.hoteleuropacaserta.it. Modernes Hotel in der Nähe der Reggia mit Fitnessraum und Billardzimmer.

****Royal Caserta, Via Vittorio Veneto 13, Caserta, Tel. 08 23 32 52 22, www.royalcaserta.it. Das gepflegte, moderne Haus liegt in der Nähe des Palazzo Reale mit Blick auf den Park. 107 hübschen Zimmer, im Restaurant speist man traditionell.

21 Caserta Vecchia

Ein Bergnest, in dem die Zeit stehen geblieben zu sein scheint.

Man müsste einen Hang zum Eskapismus haben, um in Caserta Vecchia leben zu wollen: Mittelalterliche Häuser, dunkle Treppengassen, zerbrochene Mauern aus braunem Tuffstein, schiefe Türen in rostigen Angeln und eine *Kastellruine* um einen mächtigen langobardischen Rundturm bestimmen das Bild. Das Dorf, ein Bergnest an den Hängen des *Monte Virgo*, 11 km nordwestlich von Caserta, eine Gründung des 8. Jh., wurde fast aufgegeben, als in der Provinzhauptstadt mit dem Bau der Reggia begonnen wurde.

Ein Glanzstück ist der alle Häuser weit überragende **Duomo San Michele** (tgl. 8–12 und 16–20 Uhr) an der Piazza Vescovado. In verhältnismäßig kurzer Bauzeit (1113–53) entstand die trotz ihrer Größe anheimelnd wirkende dreischiffige romanische Kathedrale arabisch-normannischer Prägung, deren mächtige Kuppel und gewaltiger Campanile weithin sichtbar sind. Im *Inneren* des Gotteshauses schweift der Blick über die Grabmäler aus dem 14. Jh., die mit Mosaiken verkleidete Kanzel und steigt hinauf in die prächtig zum Sternenhimmel gewölbte Kuppel.

i Praktische Hinweise

Hotel

***Caserta Antica, Via Tiglio 75, Caserta Vecchia, Tel. 08 23 37 11 58, www.hotelcaserta-antica.it. Hübsches Haus mit Klimaanlage und Pool im Garten.

Restaurants

Mastrangelo, Piazza del Vescovado 5, Caserta Vecchia, Tel. 08 23 37 13 77, www.ristorantemastrangelo.com. Regionale Spezialitäten in altem Bau (Di geschl.).

Osteria La Medioevale, Via Federico II di Svevia, Caserta Vecchia, Tel. 08 23 37 14 10, www.osterialamedioevale.it. Typische Trattoria in der Altstadt (Fr geschl.).

Duomo San Michele von Caserta Vecchia – markige normannische Sakralarchitektur

Längs des Miglio d'Oro bis Pompeji – im Schatten des schönen, gefährlichen Vesuv

Feuer unter zerbrechlicher Erde: Mit strahlendem Licht, üppig blühender Flora, mit den *Ville Vesuviane* und den untergegangenen, wieder ausgegrabenen antiken Städten **Herculaneum** und **Pompeji** setzt sich die südöstliche Küste des Golfs in Szene. Die Goldene Meile zwischen Neapel und Ercolano, **Il Miglio d'Oro**, wo in großen Parks die prachtvollen Sommersitze der neapolitanischen Hautevolee und die Villen aus der Bourbonenzeit entstanden, ist heute dicht mit Alltäglichem verbaut. Der **Vesuv** bedrängt mit seinen Südwesthängen die schmale Küstenebene. Die Schnellbahn Circumvesuviana von Neapel nach Sorrent verbindet die fast nahtlos ineinander übergehenden Ortschaften der Neuzeit und die antiken Stätten, die partiell immer noch von der Gegenwart überbaut sind.

22 Portici

Ein Fürst und ein König veranlassten die ersten Ausgrabungen in den Vesuvstädten.

In Neapel geht die Via Reggia di Portici in die SS 18 über, die parallel zur Autobahn A3 die Küstenorte miteinander verbindet. Die Glorie des *Barock*, die einst von den Vesuv-Villen ausging, machte Portici im 18. Jh. berühmt. Vielleicht suchte der Duca d'Elboeuf, General und großer Stratege, als er sich 1711 von Ferdinando Sanfelice das erste prachtvolle Adelspalais in dieser Gegend bauen ließ, nur Weite und Stille. Der Palast wurde schnell zur Sehenswürdigkeit, die Küste zum Tummelplatz mondäner Neapolitaner. Auch König Karl III. von Bourbon war entzückt, erwarb 1741 die *Villa d'Elboeuf*, heute eine traurige Ruine, und integrierte sie in seine im Entstehen begriffene Palastanlage, deren Areal von den Vesuvhängen bis zur Küste reichte. Abgesehen von der Lust, meernah zu wohnen, entfachte der Fürst von Elboeuf auch das Interesse an der Archäologie. Angeregt durch Zufallsfunde, ließ er Ausgrabungen nach Plan vornehmen. Karl III. von Bourbon teilte die Vorlieben des Fürsten und initiierte die ersten größeren Grabungen in Herculaneum und Pompeji unter Federführung der archäologischen *Accademia Ercolanese*. Was zutage gefördert wurde, bildete den Grundstock des ersten *Antikenmuseums* in der königlichen Sommerresidenz von Portici. Die Ausstel-

Pompeji – ein stürmischer Athlet unter Säulen und der Schicksalsberg Vesuv als Kulisse

lungsstücke wanderten allerdings nach kurzer Zeit in das Museo Archeologico Nazionale von Neapel [s.S.30].

Die **Reggia di Portici** (Via Università 100) ist heute Sitz des Instituts für Agrarwissenschaften der Universität von Neapel. Im Park, der das Königsschloss umgibt, pflegt die Fakulät den **Orto Botanico di Portici** (www.centromusa.it, Besichtigung nach Voranmeldung: Tel. 08 12 53 20 16) mit Palmen- und Farnengarten, mit Gewächshäusern für tropische Pflanzen und einem Kakteenhaus.

Als Karl III. 1759 Neapel verließ, um den spanischen Thron zu bestiegen, war zwischen Portici und Torre del Greco bereits eine stattliche Villenkolonie entstanden. Sie verlor ihren Glanz allerdings im Jahre 1839 durch den Bau der ersten *Eisenbahnstrecke* Italiens, die von Neapel der Küstenlinie folgte, wodurch die Villen von Portici den direkten Zugang zum Meer einbüßten. Heute lockt Freunde alter Eisenbahnen das **Museo Nazionale Ferroviario** (Via Pietrarsa 6, Tel. 08 14 72 00 03, Fr 9–16.30, Sa/So 9–18) am Bahnhof Pietrarsa-San Giorgio a Cremano. In den riesigen Hallen stehen Dutzende Dampf-, Diesel- und elektrische Lokomotiven.

23 Herculaneum

Die Stadt des Herakles wurde 79 n. Chr. unter einem Schlammstrom begraben.

Das 8,5 km südöstlich von Neapel gelegene, moderne **Ercolano** (bis 1964 Resina), laut, betriebsam und eng, ist eine Stadt über der Stadt. Viele ihrer Häuser stehen hoch über den Dächern des versunkenen *Herculaneum* und laufen Gefahr, eines Tages den Ausgrabungsplänen der Archäologen zum Opfer zu fallen.

Geschichte Herakles, der griechische Heros und Halbgott, der durch seine zwölf Arbeiten, nach vielen Leiden und Abenteuern schließlich Aufnahme in den Olymp fand und Unsterblichkeit erlangte, soll der Sage nach die *Herakleion* genannte Stadt gegründet haben. Die ersten nachweisbaren Bewohner waren Griechen, es folgten Osker und Samniten. Die ab 89 v. Chr. römische Stadt Herculaneum beherbergte etwa 5000 Bürger, Händler, Handwerker, Fischer und einige besonders kunstverständige Patrizier, die in reich ausgestatteten *Villen* mit blühenden Gärten und Meerblick wohnten.

Antike vor der Haustür – über den Resten von Herculaneum steht das moderne Ercolano

Am 24. August 79 n. Chr., als der **Vesuv** ausbrach, ging Herculaneum in einem gewaltigen Strom aus Asche, Lapilli und heißem Wasser zugrunde. 20 m hoch türmte sich der Schlamm. Erst gut 1600 Jahre später wurden durch Zufall einige antike Fundstücke geborgen, ab 1738 erfolgten *Ausgrabungen*, die einen Teil der Römerstadt wieder ans Licht brachten. Die systematische Freilegung der Wohnhäuser und öffentlichen Gebäude begann erst 1927, sie dauert bis zum heutigen Tage an. Die Lava- und Schlammschichten konservierten die Gebäude teilweise bis zum ersten Stockwerk. Die Ausgrabungen ermöglichten die Freilegung ihrer Ausstattung u.a. mit Mosaiken, Brunnen, Mobiliar und Handwerksgerät. Die Marmorstatuen, Bronzen, Reliefs und die von den Wänden abnehmbaren Fresken wurden nach Neapel ins Museo Archeologico Nazionale [s. S. 30] gebracht. Das antike Herculaneum selbst gehört heute zum UNESCO-Weltkulturerbe.

Besichtigung Von der Station *Ercolano Scavi* der Bahn Circumvesuviana geht es ein Stück Richtung Meer. Einen informativen Einstieg bietet das **Museo Archeologico Virtuale – MAV** (Via IV Novembre 44, Tel. 0817776843, www.museomav.it, März–Mai tgl. 9–17.30, Juni–Sept. tgl. 10–18.30, Okt.–Febr. Di–So 10–16 Uhr) unweit der Ausgrabungen. Hier werden Herculaneum und die anderen zerstörten Städte vor dem Ausbruch des Vesuv anhand von über 70 multimedialen Installationen vergegenwärtigt.

Unter dem Eindruck der virtuell aufbereiteten Antike besucht man die TOP TIPP Ausgrabungen **Scavi di Ercolano** (Corso Resina, www.pompeiisites.org, April–Okt. tgl. 8.30–19.30, Nov.–März 8.30–17 Uhr, letzter Einlass 90 Min. vor Schließung). Die Straßen von Herculaneum bilden ein regelmäßiges Netz aus *Decumani* und *Cardi*, den von Osten nach Westen bzw. Norden nach Süden verlaufenden Haupt- und Nebenstraßen, an die rechteckige *Insulae* mit den Gebäudekomplexen grenzen. Zwei Eingänge stehen zur Verfügung: am Corso Resina, sowie an der Via Alveo, wo es rascher zu den Sehenswürdigkeiten geht. Der Rundgang führt zunächst über eine breite Allee und eine Rampe, die einen Überblick über die Ausgrabungen bietet. Besucher können im Gelände frei herumschlendern, die wichtigsten Objekte findet man jedoch in den Bereichen der *Cardi V, IV* und *III*.

Im Nahbereich des Eingangs Via Alveo stößt man auf die **Terme Suburbane** [1]. Die Vorstadtthermen bergen kostbaren Marmor- und Mosaikschmuck. Unweit der Thermen lag in der Antike der Strand von Herculaneum. Dort machten Archäologen 1982 einen Fund, der das ganze Grauen des Vulkanausbruchs offenbarte. In einem 9 m langen und 2,20 m breiten Boot lagen 120 Skelette von Menschen, die vergeblich versucht hatten, vor der Katastrophe aufs Meer zu fliehen. Das Boot ›Barca di Ercolano‹ wurde restauriert und kann im **Padiglione della Barca** (Corso Resina, Tel. 08 17 32 43 11) besichtigt werden.

Setzt man den Rundgang fort, trifft man auf die herrschaftliche **Casa dei Cervi** [2], das Haus der Hirsche. Man hat es erst kurz vor dem Vesuvausbruch errichtet. Seinen Namen erhielt es nach einer *Skulpturengruppe* im Garten. Zu bewundern gibt es hier noch die schwarzgrundigen Fresken im Triclinium (später 4. Stil) und die kostbaren Marmorböden. Die zur Ausstattung gehörigen Marmorstatuen sowie die überaus zahlreichen Tafelbilder befinden sich im Museo Archeologico Nazionale in Neapel.

Wenige Schritte entfernt liegt die **Casa dell'Atrio a Mosaico** [3]. In der geräumigen Villa mit ihren Marmorfußböden, den hübschen Fresken und der eleganten Veranda hätte man selbst gerne gewohnt – und im stuckgeschmückten Prunksaal Gäste bewirtet oder im Garten geträumt.

Durch schmale Gässchen den *Cardo V* querend lässt sich hier ein Abstecher zur **Casa del Relievo di Telefo** [4], einfügen. Sie ist eines der luxuriösesten Häuser in Herculaneum, welches seinen Namen von einem *Relief des Telephos* erhielt. Das säulenumkränzte Atrium öffnet sich zum zauberhaften Peristylgarten, zu einer Terrasse mit Blick auf den Golf und in einen marmorverkleideten Saal. Das Relief übrigens, das den Mythos des Telephos, Sohn des Herakles, erzählt, wurde in einem der meerseitigen Zimmer gefunden. Heute verwahrt es das Museo Archeologico Nazionale in Neapel.

Ein kurzes Stück in westlicher Richtung liegt die **Palestra** [5], das Sportzentrum. Hier steht ein Bronzebrunnen mit einer fünfköpfigen Schlange, das Original befindet sich im Museo Archeologico Nazionale von Neapel. An der Straßenseite schloss sich eine Ladenzeile mit Weingeschäften und Bäckereien an.

Als Hauptachse zu wichtigen Sehenswürdigkeiten erweist sich der *Cardo IV*. Vielleicht bildete die **Casa a Graticcio** [6], die ganz in der *Opus craticium* genannten Flechtwerkbauweise errichtet wurde (man füllte Holzrahmen mit Kleinmaterial auf), einst einen herben, ärmlich wirkenden Kontrast zur Umgebung. Heute gilt dieser Fachwerkbau als architektonische Besonderheit.

An der Kreuzung zum Decumanus Inferior liegt die **Casa del Tramezzo di Legno** [7]. Dieses Haus mit der hölzernen Trennwand ist eine große Villa von sam-

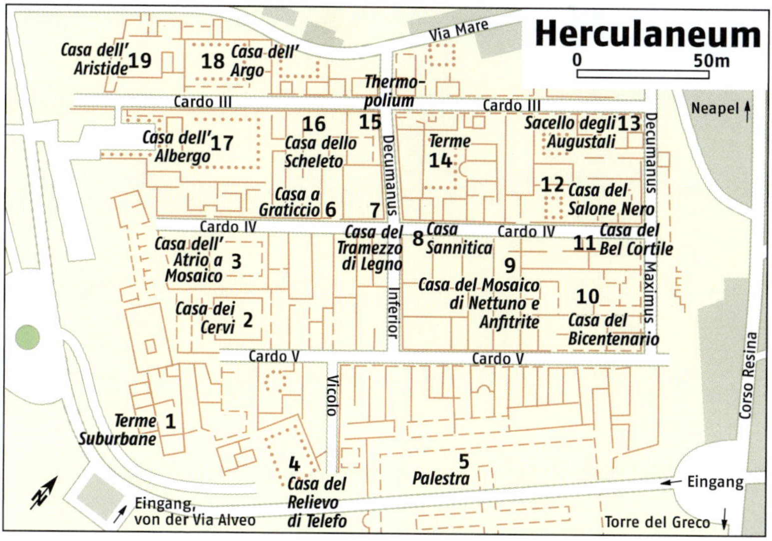

So wohnten die alten Römer – Wanddekor in der Casa del Mosaico di Nettuno e Anfitrite

nitischem Typus. Mit einiger Fantasie kann man sich ausmalen, wie die Trennwand zwischen Atrium und Empfangsraum von Sklaven beiseite geschoben wurde und den Blick auf das weiße Marmormosaik am Fußboden freigab.

Die nordwärts am Cardo IV gelegene **Casa Sannitica** [**8**], eines der ältesten

Herkules mit Juno und Minerva im Olymp – Wandmalerei im Sacello degli Augstali

Gebäude der Stadt, gibt mit ihrem reichen Stuck- und Freskendekor (1. Stil) und dem besonders gut erhaltenen Obergeschoss Einblick in die Wohnkultur der vorrömischen Epoche.

Neben dem Cardo IV vermittelt die **Casa del Mosaico di Nettuno e Anfitrite [9]** noch einen Eindruck vom eleganten Stil eines römischen Wohn- und Geschäftshauses. Sie gehörte einem Öl- und Weinhändler, dessen Laden und Lager mit Warenregalen und Tonkrügen erhalten geblieben sind. Das kunstvolle *Mosaik*, das dem Haus den Namen gab, findet man im Sommer-Triclinium.

Die **Casa del Bicentenario** [**10**] wurde 1938, 200 Jahre nach Beginn der Ausgrabungen, am Decumanus Maximus freigelegt, daher der Name. Auch der Herr dieses Hauses konnte das Ambiente mit schönen Wandmalereien und Fußbodenmosaiken nicht lange genießen. Eine Besonderheit ist der kreuzförmige Wandabdruck im Obergeschoss. Die Vermutung, es handele sich um ein Symbol frühen Christentums, konnte jedoch nicht durch konkrete Funde bestätigt werden.

Wer auch immer die **Casa del Bel Cortile** [**11**], das Haus mit dem wunderschönen Hof, erdacht haben mag, hatte wohl Freude am Ungewöhnlichen, so an dem heimeligen, etwas erhöht gelegenen Hof mit Mosaikboden, der mittels einer eleganten Treppe mit dem Obergeschoss verbunden ist.

Typisch für den Hausbau in augusteischer Zeit scheint die **Casa del Salone Nero** [12] zu sein, das Haus mit dem schwarzen Salon. Der Besitzer, dessen Name mit L. Venidius Ennychus angegeben wird, ließ den großen Saal im ornamentalen Stil auf schwarzem Grund ausmalen. Dieser *4. Stil* [s. S. 95] der *Pompejanischen Wandmalerei* war erst ab 54 n. Chr. üblich, und so muss man annehmen, dass sich der Hausherr nicht lange an den Malereien erfreuen konnte.

Hier könnte man über den Decumanus Maximus zum *Cardo III* wechseln. An dessen Nordende liegt der **Sacello degli Augustali** [13], das Heiligtum der Augustalen , die mit der Pflege des Kaiserkults betraut waren. Bemerkenswert sind die hier die dachtragenden Säulen, der mit einem Marmormosaik ausgelegte Boden und die Fresken, die das durch die Deckenöffnung einfallende Licht erhellt.

Die **Terme** [14], aus Männer- und Frauenbad bestehend und mit einer großzügigen Palestra ausgestattet, nehmen viel Platz ein. Reizvoll fügt sich das wunderbare *Triton-Mosaik* in den Umkleideraum des Frauenbades.

Das **Thermopolium** [15], der ›Laden an der Ecke‹, zeugt vom Alltagsleben einer Kleinstadt mit gut entwickelter Infrastruktur. Hier konnten die Bürger im Vorbeigehen einen kleinen Imbiss und kalte oder heiße Getränke zu sich nehmen. Das Thermopolium leitet zur **Casa dello Scheleto** [16], dem Haus des Skeletts, über. Dessen schönes Sacellum, ein Kapellenheiligtum, zeigt überaus zarte *Mosaiken*. An derselben Straßenseite steht die **Casa dell'Albergo** [17], ein mächtiges Stadthaus mit Thermen, Garten und Terrassen, das sich bei Eintritt der Katastrophe aller Wahrscheinlichkeit nach gerade in Umbau befand.

Wenige Schritte entfernt findet man gegenüber die **Casa dell'Argo** [18]. Als man sie 1828 ausgrub, entdeckte man in dem von Säulen umgebenen Gartensaal ein großes *Wandgemälde*, das den vieläugigen Argos und die von ihm bewachte Io zeigte. Wie so vieles andere ist es zur Seite geschafft worden und auf geheimnisvollen Wegen verschwunden. Geht man den *Cardo III* weiter, kann man in unmittelbarer Nähe die **Casa dell'Aristide** [19] besichtigen, wahrscheinlich ein Wohn- und Lagerhaus.

Nordwestlich vor den Toren der antiken Stadt liegt die **Villa dei Papiri** (zzt. nicht zugänglich), ein großzügiges Anwesen, bislang nur teilweise freigelegt. Benannt ist die Villa nach dem spektakulärsten Fund, eine 2000 Papyrusrollen umfassende Schriftensammlung, die in der Biblioteca Nazionale di Napoli [s. S. 23] verwahrt wird. Auch die 80 Statuen der Villa sind in Neapel, im Archäologischem Museum, darunter die Bronzestatuen zweier jugendlicher Läufer mit pfeilschnellen Bewegungen und panischen

Die große Geste des Spätbarock – Atrium der Villa Campolieto in Ercolano

Mienen. 2007 wurde zudem ein Thron aus Holz und Elfenbein ausgegraben.

Interessante Kontrapunkte zur antiken Stadt stellen die spätbarocken Villen dar. Ein Glanzstück ist die 1775 nach Plänen Luigi Vanvitellis von seinem Sohn Carlo vollendete **Villa Campolieto** (Corso Resina 283, Tel. 08 17 32 21 34, www.villevesuviane.net, Di–So 10–13 Uhr). Ihre elegante Rückfassade umschließt ein hufeisenförmiger Säulenportikus. In den Sälen mit farbenfrohen Fresken finden heute Kulturevents statt.

TOP TIPP

Die **Villa Favorita** (Corso Resina 291), eine Residenz mit Maß und Anmut, sollte Bourbonen-Königin Marie Caroline an das heimatliche Schönbrunn erinnern. Das Gebäude ist zwar nicht zugänglich, doch im pittoresken *Parco sul Mare* kann man ein Weilchen lustwandeln.

i Praktische Hinweise

Hotels

******Miglio d'Oro Park Hotel**, Corso Resina 296, Ercolano, Tel. 08 17 39 99 99, www.migliodoroparkhotel.it. Vesuv-Villa mit Restaurant, einem schönen Park und einem Pool.

*****Andris**, San Vito 130, Ercolano, Tel. 08 17 77 13 12, www.andrishotel.it. Modernes Hotel in aussichtsreicher Lage am Hang des Vesuv. Kostenloser Shuttle Service nach Herculaneum.

Restaurant

Pizzeria Campolieto, Corso Resina 370, Ercolano, Tel. 08 17 39 64 98. Gute Pizza und freundlicher Service.

24 Vesuv

TOP TIPP

Ein schlafender Riese mit verheerenden Aufwachphasen.

Der Vesuv (ital. Vesuvio), der einzige aktive Vulkan des europäischen Festlandes, beherrscht alle Veduten des Golfo di Napoli und ist *das* Wahrzeichen Kampaniens. Das wechselnde Licht zaubert reizvolle Effekte auf den Schichtvulkan, der aus den Gipfeln *Monte Somma* (1132 m) und *Cono Vesuviano* (1282 m) besteht. Seine Hänge sind bis zu einer Höhe von 700 m besiedelt, etwa 1 Mio. Menschen leben in der Gefahrenzone, und das, obwohl Wissenschaftler vor neuen Ausbrüchen warnen. Der verheerende Ausbruch am 24. August 79 n. Chr. zerstörte die Städte der Umgebung und schob die Küstenlinie fast 2 km ins Meer vor. Der Caldera-Ring brach auf, Teile des Monte Somma wurden abgesprengt und der Tochtervulkan Cono Vesuviano entstand. Weitere schwere Eruptionen folgten 1500, 1631, 1794, 1906 und 1944. Seit jenem Jahr ›schläft‹ der Vulkan, aber unter der erstarrten Lavaschicht brodelt noch immer das Magma. Auf dem fruchtbaren Lavaboden wachsen Pinienwälder, an den Hängen des Monte Somma auch Kastanien, Eichen und Birken. Zudem finden

Wanderung durch die Erdgeschichte – bizarre Lavaformationen an den Hängen des Vesuv

Schaurig-schöner Höllenschlund – Blick über den Krater des Vesuv auf den Golf von Neapel

sich 23 Orchideenarten in dem Gebiet und weite Felder mit gelbem Ginster. Nicht zuletzt gedeihen auf den fruchtbaren Böden köstliches Obst und feuriger Wein. 1995 wurde der **Parco Nazionale del Vesuvio** (Via Panoramica Fellapane, km 1, San Sebastiano al Vesuvio, Tel. 08 18 65 39 11, www.parconazionaledel vesuvio.it) ins Leben gerufen, der das Vulkangebiet und die Ausgrabungsstätten von Herculaneum und Pompeji umfasst. Den Park durchzieht ein Netz von neun farblich gekennzeichneten *Wanderwegen*, die mit Informationstafeln versehen sind. In die faszinierende Welt der Vulkane entführt das **Museo Vulcanologico dell'Osservatorio Vesuviano** (Via Osservatorio 14, www.ov.ingv.it, nur nach Anmeldung unter Tel. 08 16 10 85 60) in 608 m Höhe auf dem *Colle dei Canteroni*. Das Observatorium wurde 1841 gegründet und ist damit die älteste wissenschaftliche Institution dieser Art. Im Museum lernt man vor allem die verschiedenen Vulkantypen kennen und kann eine Sammlung von Mineralien, Gesteinen und wissenschaftlichen Instrumenten studieren. Heute ist das Gefahrenpotential gering, denn Vulkanologen behalten den schlummernden Riesen ständig im Auge. Die breite **Strada del Vesuvio** führt von Ercolano kehrenreich bis zum Parkplatz in 1017 m Höhe, zu dem man auch mit dem Bus vom Bahnhof in Ercolano gelangt. Von hier geht es noch 1,5 km zu Fuß weiter bergan vorbei an Lavafeldern bis zum **Kraterrand**. Der Aufstieg ist kostenpflichtig und tgl. ab 9 Uhr (Nov.–Febr. bis 15, März/Okt. bis 16, April–Juni, Sept. bis 17, Juli/Aug. bis 18 Uhr) möglich. Man blickt in seinen tiefen rostroten, weißfleckigen Schlund, wo unter der erstarrten Lava in mehreren Kilometern Tiefe Abermillionen Kubikmeter Magma brodeln. Das Betreten des Kraters selbst ist strengstens verboten. Fulminant ist die *Aussicht* von hier oben. Der Golf von Neapel und seine Inseln ruhen ganz in Blau, als sei der griechische Gott der Meerbläue, Glaukos Pontios, noch immer in diesen Gefilden gegenwärtig.

25 Torre del Greco

Kameen und Korallen.

Gebettet an den Südwestfuß des Vesuv fiel auch Torre del Greco, nach dem in Kampanien angebauten Weißwein Greco benannt, mehrfach Lavaströmen zum Opfer. Als hätten die hier ansässigen *Korallenfischer* wirkliche Schönheit nur unter Wasser gefunden, schenkten sie ihrer Stadt wenig Aufmerksamkeit. Sie wirkt lieblos zusammengewürfelt, die Häuser scheinen wie auf Abruf gebaut. Mit großer Sorgfalt gestaltet sind die Exponate im stimmungsvollen, **Museo del Corallo** (Piazza Palomba 6, Mo–Sa 9–13 Uhr, Anmeldung: nais048006@istruzione.it). Es gehört zum *Istituto Statale d'Arte*, das seit dem 16. Jh. lehrt, wie man Korallen verarbeitet

und aus Edelsteinen oder Lava feinste Kameen und Reliefs schneidet. In den Glasvitrinen der Sammlung sieht man neben Schmuckstücken aus roter Koralle auch Kämme, Spiegel und Dosen aus Schildplatt sowie Einlegearbeiten, Broschen und Figürchen aus Perlmutt.

i Praktische Hinweise

Hotels

******Marad**, Via Benedetto Croce 20, Torre del Greco, Tel. 08 18 49 21 68, www.marad.it. Modernes Hotel mit Schwimmbad im Garten und Golfpanorama.

******Hotel Poseidon**, Via Cesare Battisti 80, Torre del Greco, Tel. 08 18 81 51 13, www.hotel-poseidon.it. Modernes Hotel in einem alten Industriegebäude mit Restaurant.

Restaurant

Torre Bassano, Via Alcide de Gasperi 131, Torre del Greco, Tel. 08 18 83 58 08, www.torrebassano.com. Im Turm schaut man heute nicht mehr nach Sarazenen aus, sondern genießt wie auch auf der Freiterrasse beste italienische Küche.

26 Torre Annunziata

Zwei grandiose römische Villen des alten Oplontis.

Die Geschichte von Torre Annunziata, das in der Antike *Oplontis* hieß, war gezeichnet von sieben verheerenden Vesuvausbrüchen. Auch das römische Oplontis wurde im Jahre 79 n. Chr. unter Lava und Schlamm begraben und so für die Nachwelt konserviert. Heute geht es hier ganz ungefährlich zu, denn das moderen Torre ist Zentrum der Pasta-Industrie.

Die Ausgrabungen **Scavi di Oplontis** (Via Sepolcri, Tel. 08 18 57 53 47, April–Okt. tgl. 8.30–19.30, Nov.–März 8.30–17 Uhr, letzter Einlass jeweils 90 Min. vor Schließung), seit 1997 UNESCO-Weltkulturerbe, umfassen zwei römische Landsitze. Die ältere Villa ließ **Lucius Crassius Tertius** im 2. Jh. v. Chr. inmitten eines Weingutes errichten. Das Anwesen beeindruckt vor allem durch sein voluminöses Peristyl, dessen Säulen und Mauern noch Spuren bunter Bemalung aufweisen.

Ein Hauch von Verruchtheit liegt über der wunderschönen **Villa di Poppea** aus

Ihr apokalyptischer Untergang machte sie weltberühmt – die Vesuvstadt Pompeji

dem 1. Jh. v. Chr. Die Vermutung, sie könne Neros zweiter Gattin Poppea Sabina gehört haben, gründet auf einem Inschriftenfund. Poppea, zunächst Mätresse Neros, war schön, ehrgeizig und über die Maßen habgierig. Nicht zuletzt unter ihrem Einfluss entwickelte sich Nero zum Tyrannen, ließ er seine erste Ehefrau Octavia und seine Mutter Agrippina ermorden. Doch Poppea fiel schließlich ihren eigenen Machenschaften zum Opfer: Nach nur drei Jahren Ehe mit Nero starb sie an den Folgen eines Fußtritts, den ihr der zum brutalen Despoten verkommene kaiserliche Gemahl versetzt hatte. Der Schauplatz dieses mörderischen Treibens war der weitläufige, bis heute nur teilweise freigelegte, überaus kunstvolle Villenkomplex. Die Wohnräume sind im 2. und 3. Stil der pompejanischen Wandmalerei ausgestaltet. Die in frischen Farben strahlenden Fresken zeigen mal zarte und verspielte Stillleben und Genreszenen, mal Trompe-l'oeil-Kompositionen mit Architekturfantasien, die in ihrer Opulenz an Opernkulissen erinnern.

i Praktische Hinweise

Hotel

*****Grillo Verde**, Piazza Imbriani 19, Torre Annunziata, Tel. 08 18 61 12 90, www.hotelgrilloverde.it. Hotel mit Garten, das Restaurant serviert regionale Spezialitäten.

27 Pompeji

Idylle und Inferno – die beim Vesuv-Ausbruch vor 2000 Jahren verschüttete Stadt ist ein Publikumsmagnet.

Pompeji liegt an der Autobahn Neapel-Salerno und an der SS 18, die sich bei Torre Annunziata landeinwärts wendet. Das Hauptinteresse der Besucher gilt dem

Vogel im Früchterausch – lebensvolles Fresko in der Villa di Poppea von Torre Annunziata

antiken Pompeji, das zur Zeit seines Untergangs eine wohlhabende, lebensfrohe römische Stadt mit Patriziervillen und Tempeln, Thermen und Theatern, Tavernen, Läden und Freudenhäusern war. Das Stadtensemble, das mit einem Schlag verschüttet wurde und so vollständig erhalten blieb, stellte die Archäologie vor ebenso umfangreiche wie reizvolle Aufgaben. Sie wühlten sich durch die dicke Lavaschicht und stießen auf rührende Zeugnisse der antiken Lebenswelt und auf erschütternde Spuren des Todeskampfes einer ganzen Stadt.

Geschichte Bereits Griechen, Samniten und Etrusker besiedelten das Land am Sarno an den Ausläufern eines urzeitlichen Lavastroms. Pompeji, die florierende Stadt in der fruchtbaren Ebene, war seit 80 v. Chr. römische Kolonie. Handel und Handwerk blühten, der Verkehr im Hafen war rege, reiche Römer bauten in der paradiesischen Region luxuriöse Villen. Bereits 63 n. Chr. zerstörte ein äußerst heftiges Erdbeben, das ganz Kampanien heimsuchte, weite Teile der Stadt. Die Wiederaufbauarbeiten waren noch nicht beendet, als sich am 24. August 79 n. Chr. der verheerende **Vesuvausbruch** ereignete. Damals verschwand Pompeji unter einer 7 m dicken Schicht aus Bimsstein, Asche und Lava. Im Jahr 1594 machte man erste zufällige Funde, doch erst im 18. Jh., während der Herrschaft der Bourbonenkönige, wurden systematische *Ausgrabungen* unternommen. Unter Leitung von Amadeo Maiuri brachte man nach dem Ersten Weltkrieg vier Fünftel der Stadt, die sich über 66 ha erstreckt, wieder ans Licht. Seitdem gehört Pompeji zu den berühmtesten Sehenswürdigkeiten Italiens, und 1997 wurde es gemeinsam mit Herculaneum und Torre Annunziata zum UNESCO-Weltkulturerbe erklärt. Doch inzwischen ist der Erhaltungszustand der Ruinenstadt Besorgnis erregend, Gebäude und Wandmalereien bedürfen dringend der Restaurierung. Besonders die Mauer- und Säuleneinstürze der letzten Jahren machen deutlich, dass trotz aufwendiger Restaurierungsmaßnahmen die Lage nach wie vor dramatisch ist.

Besichtigung Der Haupteingang liegt direkt an der Station Pompei Scavi-Villa dei Misteri der Circumvesuviana (weitere Eingänge Piazza Anfiteatro und Piazza

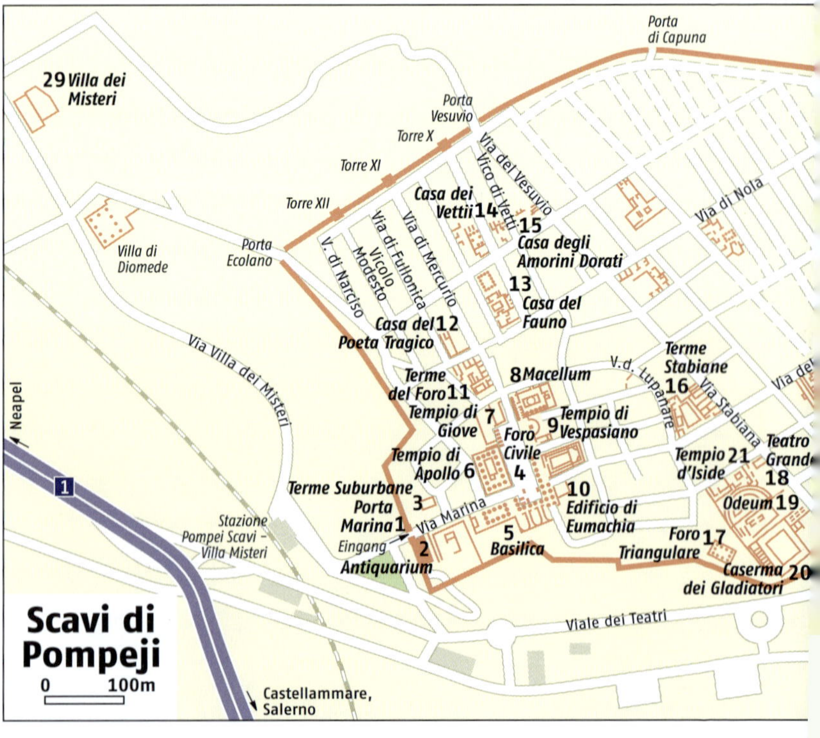

Den Vesuv hatten die Pompejaner beim Schlendern über das Forum immer im Blick

TOP TIPP Esedra). Die Ausgrabungen **Scavi di Pompei** (Via Villa dei Misteri, Tel. 0818575347, www.pompeiisites.org, April–Okt. tgl. 8.30–19.30, Nov.–März 8.30–17 Uhr, letzter Einlass jeweils 90 Min. vor Schließung) betritt man durch das Stadttor **Porta Marina** [1]. An diesem Tor kann man Audioguides erstehen. Um dem größten Gedränge zu entgehen, lohnt es sich jedoch, die Rundgänge nach eigenem Ermessen zu gestalten. Einige Sehenswürdigkeiten sind derzeit nicht zugänglich. Einsturzgefahr und Gewerkschaft beschränken häufig Besichtigungsmöglichkeiten. Da sich der Stand der Arbeiten laufend verändert, ist eine telefonische Nachfrage über jeweils geschlossene Villen anzuraten. Die Reste der antiken Stadt gewähren längs der gepflasterten Straßen mit den erhöhten Bürgersteigen und den Fahrspuren in der Mitte einzigartige Einblicke in den römischen Alltag. Die rechtwinklig zueinander verlaufenden *Vie* gliedern das Stadtgebiet in *Regiones*, Hauptachse ist die Via dell'Abbondanza. Die Straßennamen haben sich die Archäologen ausgedacht.

Das **Antiquarium** [2] rechts hinter der Porta Marina versammelt Funde aus vorsamnitischer, samnitischer und römischer Zeit. Gleichermaßen faszinierende wie makabre Exponate sind die *Gipsmenschen*. Als die Körper der Vesuvopfer allmählich verwesten, hinterließen sie Hohlräume in der verfestigten Ascheschicht, diese wurden mit Gips ausgegossen, um die gekrümmten Körper der Menschen im Augenblick ihres Todes sichtbar zu machen.

Links neben der Via Marina liegen die 2003 ausgegrabenen **Terme Suburbane** [3]. In den Umkleideräumen der Badeanlage fand man Fresken mit erotischen Szenen.

Die Via Marina führt weiter in den ältesten Teil der Stadt, auf das einst von einer doppelten Säulenreihe mit Kaiserstatuen umgebene **Foro Civile** [4], wo sich die wichtigsten öffentlichen Gebäude befanden. Schon in der Antike bezauberte der Blick von diesem lang gestreckten Platz, der einst mit kostbarem Marmor bedeckt war.

In der großen dreischiffigen **Basilica** [5] aus dem 2. v. Chr. wurden Geschäfte abgewickelt und Gerichtsverhandlungen abgehalten. Sie war beim großen Erdbeben des Jahres 63 eingestürzt, ihr Wiederaufbau zur Zeit des Vesuvausbruchs war noch nicht ganz abgeschlossen.

In der Nähe erhebt sich der bereits in vorrömischer Zeit gegründete **Tempio del Apollo** [6]. Seine Ruinen weisen etruskische und römische Architekturzüge auf und bergen Statuen des bogenschießenden Apoll und der Diana als Kopien.

Einen Ehrenplatz nimmt der dem Kult Jupiters, Junos und Minervas geweihte, wohl in samnitischer Zeit entstandene **Tempio di Giove** [7] ein. Man erkennt den auch als *Capitolino* bezeichneten Bau an den seitlichen Triumphbögen, die, obwohl längst ihrer Marmorverkleidung beraubt, immer noch sehr edel wirken.

Das **Macellum** [8] war eine große überdachte Markthalle mit zahlreichen Fleisch- und Fischständen sowie Händlern, die Gemüse und Obst aus den pompejanischen Gärten verkauften.

Hinter dem Forum steht der **Tempio di Vespasiano** [9], der vermutlich jüngste Bau dieses Areals. Am Marmoraltar des Tempels schildert ein Relief das zum Kult gehörige Stieropfer.

Ein marmorner Türrahmen mit kunstvollen Akanthusranken ziert das **Edificio di Eumachia** [10] aus augusteischer Zeit. Die Stiftungsinschriften weisen die Venus-Priesterin Eumachia aus einer einflussreichen Weinhändlerfamilie namens Eumachii als Bauherrin aus.

Die Via delle Terme erschließt mit ihren Seitenstraßen die Regio VI. Ausgangspunkt für die Erkundung des Bezirks sind die zentral gelegenen **Terme del Foro** [11]. In den Forumsthermen genossen die Pompejaner regelmäßig Erfrischung und Entspannung. Zu den Bädern gehörten das Kaltbad *Frigidarium*, das lauwarme Bad *Tepidarium*, an dessen Wände schöne Stuckarbeiten erhalten sind, und das *Caldarium*, das warme Bad, hinzu kamen Ruheräume und Wandelgänge.

Nördlich der Thermen steht eine Reihe ausgesprochen schöner Villen. Durch einen Seiteneingang betritt man die **Casa del Poeta Tragico** [12], das Haus des Tragödiendichters. Den Haupteingang ziert das berühmte, aber längst verblasste Mosaikbild eines wachsamen Hundes mit der Inschrift ›Cave Canem‹ (Achtung vor dem Hund).

Am Vicolo del Fauno steht die **Casa del Fauno** [13], eines der glanzvollsten Domizile in Pompeji mit teilweise noch gut er-

Nur noch das Licht flutet durch die Badehäuser von Pompejis Terme di Foro

Eine farbenprächtige Bildgeschichte – dionysisches Fresko in der Villa dei Misteri

Die bunten Wände von Pompeji

Die Wandmalereien, welche die Villen Pompejis schmückten, wurden zwar unter Lava und Schlamm begraben, doch durch diese meterdicke Schicht zugleich konserviert. Wieder ans Licht gebracht, vermitteln sie heute einen lebendigen, vielgestaltigen Eindruck von dieser glanzvollen Epoche römischer Kunst. Zwischen 150 v. Chr. und dem Vesuvausbruch 79 n. Chr. lassen sich vier Stilphasen der pompejanischen Wandmalerei unterscheiden:

Der **1. Stil** (150–80 v. Chr.), auch Inkrustations- oder Strukturstil genannt, fiel noch in die zweite samnitische Periode und stand griechischen Vorbildern sehr nahe. Sein wesentliches Merkmal waren die in Malerei umgesetzten architektonischen Wandelemente, die eine Illusion marmorverkleideter Innenräume vermittelten. In lebhaften Farben, in Ocker, Pompejanisch-Rot, in Schwarz und Blau wurde das Quaderwerk aus Stuck getönt.

Der **2. Stil** (80–27 v. Chr.) oder Illusionsstil zeichnete sich durch perspektivische Architekturprospekte aus, die Größe und Weite der Räume suggerierten. Erstmals gegen Ende der republikanischen Periode tauchten auch Gartenausblicke, Landschaften und mythologische Szenen an den Wänden auf. Zugleich wurden ganze Wandflächen mit großformatigen, theatralisch inszenierten Bildgeschichten bemalt, wie jene in der Villa dei Misteri,.

Im **3. Stil** (27 v. Chr.–54 n. Chr.), in der ersten Kaiserzeit, wandelten sich Architekturen und Figurenszenen in Maßstab und Proportionen zum zarten Ornament. Filigrane Rahmen, Säulen, Kuppeln und Baldachine rückten die Bilder – Imitationen griechischer Tafelgemälde – in den Vordergrund. Bei den Farben dominierten kräftiges Rot und Schwarz. Als Motive dienten Episoden aus der Geschichte und Mythologie sowie märchenhafte Impressionen aus der neuen Provinz Ägypten.

Der **4. Stil** (54–79 n. Chr.) oder Ornamentale Stil fiel mit seinen Hauptwerken in die hektische Aufbauphase nach dem Erdbeben von 63 n. Chr. und nahm alle Elemente des 2. und 3. Malstils auf. Mit Improvisationslust steigerte er sie ins Barocke, Theatralische und gab den häufig die ganze Wand einnehmenden Darstellungen vor allem durch den Einsatz von Gelb- und Goldtönen eine strahlende Farbigkeit.

haltener Ausstattung. Die Inschrift ›Ave‹ (Sei gegrüßt) geleitet ins Innere des 1830 entdeckten, mit üppigsten Dekorationen versehenen Hauses Die *Fußbodenmosaiken*, darunter die berühmte ›Alexanderschlacht‹ aus der Exedra, sind im Archäologische Nationalmuseum von Neapel [s. S. 30], aber hier als Kopien gegenwärtig, desgleichen die beschwingte auf Zehenspitzen balancierende Bronzestatue des *Tanzenden Fauns* im Atrium.

Zwei reiche Kaufmannsbrüder waren die Besitzer der besonders gut erhaltenen **Casa dei Vettii** [14] mit prächtiger Fassade zum Vicolo di Mercurio. Hier wurde maßvoll rekonstruiert, die *Wandmalereien*, erotische Szenen in den Salons und mythologische Darstellungen im Speisezimmer, blieben an ihrem Platz. Zauberhaft ist auch der von Säulen umgebene, schön bepflanzte *Innenhof* mit Putten und Wasserbecken.

Ganz in der Nähe steht die **Casa degli Amorini Dorati** [15], das Haus der vergoldeten Amoretten. Wahrscheinlich wurde es zur Zeit Neros für die Familie seiner Gemahlin Poppea errichtet. Kunstsinn verraten die in runde, vergoldete Glasscheiben eingeritzten Amoretten, die sich jetzt im Museo Archeologico Nazionale von Neapel befinden.

Über die Via Stabiana gelangt man zu den **Terme Stabiane** [16] an der Ecke zur Via dell'Abbondanza. Der Kern der gut erhaltenen Anlage geht auf das 4. Jh. v. Chr. zurück. Zentraler könnte ein Freizeitzentrum mit Sportplatz, Übungshallen und Reinigungsbädern gar nicht liegen.

In der nahen Via del Lupanare steht das Freudenhaus **Lupanare**, dessen Räume sind mit erotische Fresken verziert.

Jenseits der Via dell'Abbondanza führt die Via dei Teatri zum ehrwürdigen und uralten **Foro Triangulare** [17], das noch Reste ionischer Säulen und dorische Kapitelle des 6. Jh. v. Chr. zeigt, die zu einem Tempel gehörten.

Von Griechen in den Hang gebaut, von Römern mehrmals verändert, mit einem Sonnensegel bestückt, dessen Halterungen noch zu sehen sind, hat das **Teatro Grande** [18] seinen Charme bis heute bewahrt. Konzerte, Kino- und Theaterabende beleben das Halbrund, das kerzengerade Zypressen wunderschön rahmen. An das Große Theater schließen das kleine, für Musikaufführungen genutzte **Odeum** [19] und gegen Südosten die Gladiatorenunterkunft **Caserma dei Gladiatori** [20] an, heute ein weiter, grüner, säulenumstandener Platz.

Über die Via Stabiana in Richtung Via dell'Abbondanza zurückkehrend, findet man rechts den **Tempio d'Iside** [21], ein kleines, der ägyptischen Göttin Isis geweihtes Heiligtum, in dem heiliges Wasser aus dem Nil aufbewahrt wurde.

Ein paar Schritte jenseits des Vicolo di Tesmo steht die **Casa del Criptoportico** [22]. Das Haus wurde mitten im Umbau verschüttet, die Pläne der Besitzer, neben dem mit Fresken geschmückten Saal auch eine kleine Promenade vom Weinkeller zum Triclinium im Freien anlegen zu lassen, blieben ein Wunschtraum.

Die Via dell'Abbondanza führt weiter nach Nordosten zur **Casa di Trebius Valens** [23], dem Haus eines Mannes, der Fassadeninschriften zur Wahlwerbung nutzte, und zur **Casa di Loreius Tiburti-**

Geflügelte Putten bei der Arbeit in der Weinkellerei – Wandmalereien der Villa dei Misteri

Das Anfiteatro von Pompeji sollte Maßstäbe für das Kolosseum in Rom setzen

nus [24] mit schönen Fresken und einer Gartenanlage, in der einst Wasserfontänen willkommene Kühle spendeten.

Die **Casa della Venere** [25] wurde durch das Monumentalfresko ›Venus in der Muschel‹ bekannt, das aus der Zeit unmittelbar vor dem Untergang der Stadt stammt. Benachbart ist der großartige Komplex der **Villa Giulia Felice** [26]. Die ›glückliche Julia‹ regierte über ihr ganz persönliches Reich von Wohnräumen und Thermen, von Läden, Gaststätten und Mietwohnungen. Heute hängen die Bilder aus Julias privaten Gemächern im Louvre in Paris.

Der Lust am Sport und der Freude an der Bewegung war die **Palestra** [27] gewidmet. In ihrer Nachbarschaft, an der Stadtmauer, befindet sich das älteste erhaltene **Anfiteatro** [28] (70 v. Chr.) des Römischen Reiches, einst einzigartig in Größe und Ausstattung. Es fasste 20 000 Zuschauer. Nicht einmal Rom hatte damals vergleichbares zu bieten, denn das dortige Kolosseum wurde erst nach dem Untergang Pompejis fertiggestellt.

Am Rande der Stadt Pompeji setzt die **Villa dei Misteri** [29] an der gleichnamigen Straße einen grandiosen Schlusspunkt. Berühmt ist dieser wahrscheinlich kaiserliche Landsitz wegen der Wandmalereien im Triclinium, dem Speisesaal. Der Bildzyklus misst 3 x 17 m und zeigt auf leuchtend rotem Grund 29 lebensgroße Figuren, die mit entrückten Mienen geheimnisvolle Riten vollziehen. Es handelt sich bei dieser bühnenhaften Bildinszenierung wohl um Szenen eines Mysterienkultes. Ein durch Sturm und Regen hervorgerufener Deckeneinbruch verursachte jüngst schwere Schäden an dem Bauwerk.

i Praktische Hinweise

Information

AACST, Via Sacra 1, Pompeji,
Tel. 08 18 50 72 55, www.pompeiturismo.it

Hotels

******Forum**, Via Roma 99, Pompeji, Tel. 08 18 50 11 70, www.hotelforum.it. Komfortables Hotel mit Restaurant (köstliche Torten) in der Nähe der Ausgrabungsstätte.

*****Degli Amici**, Via Plinio 93–95, Pompeji, Tel. 08 18 59 87 98, www.hoteldegliamici.it. Kleines freundliches Haus in guter Lage mit hübschem Garten und Restaurant.

*****Iside**, Via Minutella, 27, Pompeji, Tel. 08 18 59 88 63, www.hoteliside.it. Familiäres, ruhiges Hotel in einem Zitronenhain nahe der Ausgrabungen.

Restaurants

Il Principe, Piazza Bartolo Longo 8, Pompeji, Tel. 08 18 50 55 66, www.ilprincipe.com. Sehr stilvolles, hochgelobtes Restaurant im Zentrum (Mo geschl.).

President, Piazza Schettini 12, Pompeji, Tel. 08 18 50 72 45, www.ristorantepresident.it. Gehobene regionale Küche mit Fisch- und Meeresfrüchtespezialitäten.

Halbinsel von Sorrent – zauberhafte Symphonie in Licht und Farbe

Weit strecken die **Monti Lattari** ihre Ausläufer nach Westen und bilden mit der Halbinsel von Sorrent den südlichen Bogen des Golfo di Napoli. Den weichen Rundungen der Küste setzen sie eine schroffe Barriere entgegen. Überall Tufffelsen, die steil zum Wasser abfallen, Terrassen voller Blumen, leuchtende Zitronenhaine, steinige, meerdurchtoste Buchten, winzige Strände, Städte hoch über dem Meer, prachtvolle Hotels mit dem Glanz der Welt von vorgestern. Die *Autostrada del Sole* wendet sich südlich von Pompei landeinwärts nach Salerno. Die vielbefahrene SS 145 führt von Torre Annunziata über Castellammare di Stabia an die Südseite der Halbinsel.

28 Castellammare di Stabia

Thermalkurort mit zwei interessanten Villen des antiken Stabiae.

Die Hafenstadt Castellammare di Stabia mit ihrer im 18. Jh. etablierten Schiffswerft bietet heute zugleich eine gute touristische Infrastruktur mit Hotels, großem Jachthafen und den Thermalbädern *Nuove Terme di Stabia* (www.termedistabia.com) auf dem Solaro-Hügel. Castellamare war schon in der Antike als Kurort bekannt, denn es ist von Natur aus mit 28 Mineralquellen gesegnet.

Beim Vesuvausbruch im Jahr 79 n. Chr. wurde das antike *Stabiae* mitsamt seinen Villen verschüttet. An der Küste wuchs bald darauf eine neue Siedlung unter dem Namen *Castrum ad Mare* heran. Castellamare besaß seit dem 13. Jh. auch einen Königspalast in den Hügeln, die *Reggia di Quisisana* und war im 18. Jh. als Sommerfrische bei Bourbonenkönigen und Adel beliebt. In jener Zeit kamen bei Ausgrabungen am Varano-Hügel zwei römische Villen zutage, die heute als **Scavi di Stabia** (Via Passeggiata Archeologica, Tel. 08 18 57 53 47, April–Okt. 8.30–19.30, Nov.–März 8.30–17 Uhr, Kasse schließt 90 Min. früher) zu besichtigen sind. Die *Villa*

di Arianna ist mit Fresken geschmückt. In einem der Räume sieht man noch die namengebende Darstellung der *Ariadne*, die auf Naxos von Theseus verlassen wird. Ein Glanzstück, das Fresko der *Primavera di Stabiae*, der blumenstreuenden Göttin des Frühlings, verwahrt das Museo Archeologico in Neapel.

In der *Villa di San Marco*, einer der größten Villen der Campania felix, kann man Form und Funktion römischer Landsitze bestens studieren. Um das Atrium mit dem *Lararium*, der Kultnische für die Hausgötter, lagen die Repräsentationsräume, in denen der Hausherr Klienten empfing, hier wurden Geschäfte und Politik gemacht. Manche Gäste lud man auch in die Thermen ein, die aus dem Warmbad *Caldarium*, dem lauwarmen *Tepidarium* und dem Kaltbad *Frigidarium* bestanden. Unweit des Speisesaals *Triclinium* öffneten sich das große säulengeschmückte *Peristyl* und der Garten.

Funde von den Ausgrabungen und Kirchenkunst präsentiert das **Museo Diocesano Sorrentino Stabiese** (Piazza Giovanni XXIII, www.mudiss.it, Juni–Sept. Di–Sa 16.30–20.30, Okt.–Mai Mo 16–20, Mi und Sa 9–13, 16–20 Uhr) in der *Chiesa dell'Oratorio*. Man sieht Inschriftensteine, Kapitelle und andere Architekturfragmente, reliefierte Sarkophage und Statuetten.

Von Castellammare führen eine Standseilbahn und eine kurvenreiche Straße auf den **Monte Faito** (1131 m). Die Nordflanke des Berges ist in dichte Wälder gehüllt, aber gegen Süden fällt er steil zum Meer hin ab, und die *Aussicht* ist schier atemberaubend. Die Straße geht in vielen Windungen abwärts zum Kurort **Vico Equense** (www.vicoturismo.it), dessen Lage an der malerischen Steilküste schon den Etruskern gefiel.

Praktische Hinweise

Information

AACST, Piazza Matteotti Giacomo 34/35, Castellammare di Stabia, Tel. 08 18 71 13 34, www.stabiatourism.it

Hotel

********La Medusa Grand Hotel****, Passeggiata Archeologica 5, Castellammare di Stabia, Tel. 08 18 72 33 83, www.lamedusahotel.com. Stilvolles modernes Haus mit Bar und Restaurant, Garten und Pool.

29 Sorrent

Steilküste, blühende Gärten, duftende Zitronenhaine, luxuriöse Hotels.

Der Sirenengesang über den Wassern, vor dem sich Odysseus einst ängstigte, ist längst verklungen. Die Küstenstraße ist eng, ein wenig mühsam zu befahren. Doch die *Landschaftskulisse* von Sorrent, das 50 m hoch über dem Meer auf einem Tuffplateau thront wie auf einem Spieltisch des Lichts, hat immer noch Charme

Die Skyline von Sorrent – sprunghaft und voller südländischem Temperament

Sedile Dominova in Sorrent – die Halle der Patrizier

und Eleganz. Interessant ist die Altstadt mit den über der Steilküste posierenden pompösen *Luxushotels* aus der Welt von vorgestern mit ihren verspielten Fresken, Stuckaturen und Kristallüstern. In der Abgeschiedenheit üppiger Parks sind sie dem Tagesgeschehen enthoben.

Geschichte Müßig zu erwähnen, dass die Griechen auf ihrer Fahrt durch den Golf die Schönheit dieses Ortes entdeckten: Steilküste, Schluchten, Höhlen im Fels, kleine Buchten, laue Lüfte, Hügel im Hinterland, die kalte Winde zähmen. Das *Surrentum* der Antike besaß Tempel und Villen, Forum und Arena, Thermen und Zisternen. Griechisches wurde von den Römern überbaut – vorwiegend in der Zeit, als Tiberius auf Capri weilte. Doch die römischen Bauwerke überdauerten die Jahrhunderte fremder Eroberungen und Überfälle nicht, die verbliebenen Reste sind bescheiden: ein paar alte Mauern und ein römischer Torbogen in der Via Parsano.

Besichtigung Funde aus den frühgeschichtlichen Nekropolen und vom antiken Athena-Tempel an der Punta Campanella zeigt das in der *Villa Fondi* ansässige **Museo Archeologico della Penisola Sorrentina George Vallet** 1 (Via Ripa di Cassano, Piano di Sorrento, Tel. 0818 08 70 78, http://cir.campania.beniculturali.it/museosorrento, Di–So 9–19 Uhr). Die Sammlung umfasst Vasen, Votivfiguren, Skulpturen und das entzückende *Fresko* eines Gärtleins, in dem Vögel herumflattern und auf dem Zaun herumhüpfen. Zurück in der Altstadt schlendert man über den *Corso Italia* zur **Piazza Tasso** 2. Hier stehen Statuen zweier großer Söhne der Stadt, Sant'Antonio, auch Schutzpatron Sorrents, und *Torquato Tasso* (1544–95), Autor des Epos ›Gerusalemme Liberata‹. Herzog Alfonso II. d'Este nahm Tasso in Ferrara auf und protegierte ihn, doch der Dichter verfiel dem Verfolgungswahn und wurde in eine Irrenanstalt eingeliefert. Nach Jahren des Leidens starb er im römischen Kloster Sant'Onofrio.

Von der Piazza Tasso führt die schmale **Via Pietà** 3 ins Herz der Altstadt, man geht vorüber an Stadtpalais wie dem *Palazzo Veniero* (13. Jh.) mit byzantinisch-arabischen Formen und dem *Palazzo Correale* (15. Jh.), dessen Spitzbogenfenster und Portal Eindruck machen. Die Stelle des alten römischen Forums nimmt der **Duomo Santi Filippo e Giacomo** 4

Blick von der Uferpromenade Sorrents auf die kunstvoll hochgestapelten Palazzi

(www.cattedralesorrento.it) ein. Er wurde im 15. Jh. errichtet und birgt antike Relikte, die Säulen, auf denen der Campanile ruht, und die Spolien, aus denen der Bischofsthron zusammengefügt wurde. Doch die Geschichte des Doms ist keine der Bewahrung, auf die Barockisierung des *Inneren* folgte im 20. Jh. die Überarbeitung der *Fassade* im neogotischen Stil.

Eine majolikaverkleidete Kuppel weist den Weg zum **Sedile Dominova** 5 in der

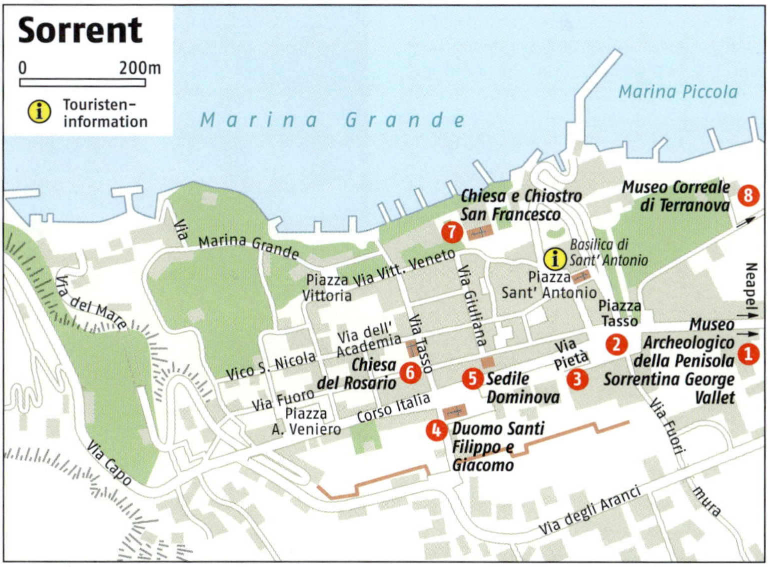

Ein Platz für Poeten und Träumer – die Terrasse des Grand Hotel Excelsior Vittoria

Via Cesareo westlich des Corso Italia. Die freskengeschmückte Loggia aus dem 15. Jh. war einst Versammlungsort der Patrizier, heute treffen sich hier die Herren zum Gespräch und Kartenspiel.

Als frühe Gründung gilt die **Chiesa del Rosario** 6, auch Santi Felice e Baccolo genannt. Kaiser Konstantin der Große, der die Götter seiner Jugend gegen den Gott der Christen eintauschte, soll den Bau 310 in Auftrag gegeben haben, er steht auf den Resten eines antiken Tempels. Im Mittelalter wurde die Rosenkranzkirche zum Dom erhoben, später barockisiert.

Die Piazza Tasso verlässt man meerwärts über die Via de Maio. Vorbei an der *Basilica di Sant'Antonio*, deren Krypta unzählige Votivtafeln birgt, erreicht man **Chiesa e Chiostro San Francesco** 7. Der stimmungsvolle Kreuzgang mit spitzbogigen Arkaden wird für Konzerte genutzt. Vom hoch über der Marina Grande gelegenen Park, der *Villa Comunale*, genießt man den Blick über den Golf von Neapel.

Im *Palazzo Terranova* östlich der Altstadt zeigt das **Museo Correale di Terranova** 8 (Via Correale 50, Tel. 08 18 78 18 46, www.museocorreale.it, Di–So 9.30–13.30 Uhr) erlesenes Porzellan, Majolika, Intarsien, Möbel, Waffen und Gemälde der neapolitanischen Schule des 17.–19. Jh.

Hier schlummerte der große Tenor 1921 – die Caruso Suite des Excelsior Vittoria

i Praktische Hinweise

Information

AAS, Via Luigi de Maio 35, Sorrent, Tel. 08 18 07 40 33, www.sorrentotourism.com

Hafen

Schiffe nach Neapel, Capri, Castellamare di Stabia und an die Amalfiküste.

Hotels

*****Bellevue Syrene, Piazza della Vittoria 5, Sorrent, Tel. 08 18 78 10 24, www.bellevue.it. An der Steilküste gelegenes Nobelhotel mit Gartenterrassen, pompejanisch gestyltem Restaurant und Lift zum Strand.

TOP TIPP *****Grand Hotel Excelsior Vittoria, Piazza Tasso 34, Sorrent, Tel. 08 18 77 71 11, www.excelsior vittoria.com. Luxushotel auf dem Fels am Meer mit viel Marmor und vielen Fresken, voller Geschichte und Geschichten um Berühmtheiten. Garten, Pool und Spa.

****Imperial Hotel Tramontano, Via Vittorio Veneto 1, Sorrent, Tel. 08 18 78 25 88, www.hoteltramontano.it. Historisches Haus, Geburtsort des Dichters Torquato Tasso. Schöner Garten, tolles Panorama, Gourmetrestaurant, Swimmingpool und Lift zum Strand.

****Maison La Minervetta, Via Capo 25, Sorrent, Tel. 08 18 77 44 55, www.laminer vetta.com. Das direkt in die Steilklippen gebaute Boutique-Hotel besticht durch seine Panoramalage mit Prachtaussicht auf die Bucht.

***Casale Antonietta, Via Traversa Pantano 3, Sorrent, Tel. 08 18 78 26 49, www.casaleantonietta.com. Ruhiges kleines gepflegtes Hotel in grüner Umgebung etwas außerhalb von Sorrent.

***Eden, Via Correale 25, Sorrent, Tel. 08 18 78 11 51, www.hoteledensorrento.com. Im Zentrum der Stadt gelegenes Hotel mit schönem Garten, Pool und Restaurant.

***La Badia, Via Nastro Verde 8, Sorrent, Tel. 08 18 78 11 54, www.hotellabadia.it. Beste Aussichtslage an der Felsenküste inmitten von Oliven- und Zitrusbäumen.

**Desirée, Via Capo 31, Sorrent, Tel. 08 18 78 15 63, www.desireehotelsorrento.com. Hotel Garni am Stadtrand mit Garten und Aufzug zum eigenen Strand.

Restaurants

O' Parrucchiano, Corso Italia 71, Sorrent, Tel. 08 18 78 13 21, www.parrucchiano.com. Gartenrestaurant mit Fischspezialitäten und landestypischer Küche.

TOP TIPP **Ristorante Museo Caruso**, Via Sant'Antonino 12, Sorrent, Tel. 08 18 07 31 56, www.ristorante museocaruso.com. Elegantes Lokal mit einer Ausstattung, die an den Tenor erinnert. Spezialitätenküche mit Fantasie.

Zi 'Ntonio Mare, Via Marina Grande 180, Sorrent, Tel. 08 18 07 30 33, www.zintonio mare.it. Das originelle, schwimmende Restaurant im Hafen serviert delikat zubereitete Meeresfrüchte.

Schöne Aussicht – der zauberhaft gelegene Bagno della Regina Giovanna

30 Massa Lubrense

TOP TIPP *Zauberhafter Badeort mit aufregender Vergangenheit.*

Die Straße nach Massa Lubrense zweigt westlich von Sorrent von der SS 145 ab. Vom Capo di Sorrento aus erreicht man die Spitze der Halbinsel mit einer der schönsten *Aussichten* auf den Golf von Neapel. Hier liegt das **Bagno della Regina Giovanna**, das königliche Bad der Johanna I. von Anjou. Es ist eine wildromantische Bucht zwischen Klippen mit einem natürlichen Pool voll von smaragdgrünem Wasser. Doch die Geschichte raunt Skandalöses, denn Johanna, die Gattenmörderin und später selbst ein Mordopfer, soll sich hier mit zahllosen Liebhabern königlich vergnügt haben.

Hoch über der **Marina di Puolo** liegt Massa Lubrense selbst, ein Ferien- und Luftkurort, dessen Gemeindegebiet sich über die gesamte Halbinsel erstreckt. Auch im Fischerdorf **Marina della Lobra** lässt sich die Sorrentiner Landschaft mit ihrer üppigen Flora, der Steilküste und den kleinen Buchten nach Herzenslust genießen. Die Schönheit des noch immer verträumten Ortes steht der seiner Badeplätze in nichts nach.

i Praktische Hinweise

Hotels

******Delfino**, Via Nastro d'Oro 2, Massa Lubrense, Tel. 08 18 78 92 61, www.hoteldelfino.com. Elegantes Hotel mit Restaurant und Pool in schöner Bucht, prachtvoller Blick über die Küste und bis nach Capri.

******Sea Club Conca Azzurra**, Via Villazzano 3, Massa Lubrense, Tel. Mo–Fr 08 18 77 06 96, Sa/So 08 18 78 96 66, www.seaclubsorrento.com. Gepflegte Anlage mit Meerwasserpools, Tauchschule und zwei Restaurants an einer kleinen Bucht mit felsigem Strand.

*****Piccolo Paradiso**, Piazza Madonna della Lobra 5, Massa Lubrense, Tel. 08 18 78 92 40, www.piccolo-paradiso.com. Gemütliches Haus oberhalb der Lobra-Bucht. Restaurant, Pool und Badeplattform am Felsufer.

Restaurants

Antico Francischiello da Peppino, Via Partenope 27, außerhalb Richtung Sorrent, Tel. 08 15 33 97 80, www.francischiello.com. Herrliche Lage, beste Sorrentiner Küche.

Il Fienile, Via Torricella 61, Massa Lubrense, Tel. 08 18 08 07 74, www.ilfienile.co.uk. Spektakuläre Ausblicke und ausgezeichnete Pasta, abends sehr romantisch (Di geschl.).

Feurige Abendstimmung an der Punta Campanella mit Blick auf die Faraglioni von Capri

31 Punta Campanella

TOP TIPP *Die Heimat der Sirenen an der Spitze der Sorrentiner Halbinsel.*

Von der kleinen Ortschaft Termini führt ein Fußweg durch Wildkräuter, Meerfenchel und Ginster zur äußersten Spitze der Sorrentiner Halbinsel. Im Gedenken an Homers ›Odyssee‹ nannte sie der griechische Geograph Strabo das Vorgebirge der Sirenen. Um den Verführungskünsten der Sirenen, ihrem betörenden Gesang, nicht zu erliegen, ließ sich Odysseus als Steuermann an den Mast des Schiffes binden, und seine Mannschaft entrann der Gefahr nur mit »dem geschmolzenen Wachs der Honigscheiben in den Ohren«. Nachweislich standen einst an der Punta Campanella ein Tempel der Athena und eine römische Villa.

Einen herrlichen Rundblick genießt man von der *Aussichtsterrasse* auf das Meer und über die nur wenige Kilometer breite Bocca Piccola bis nach Capri.

Im Anschluss an einen Aufenthalt an der Punta Campanella empfiehlt sich eine landschaftlich reizvolle Fahrt von Termini über die Bergdörfer Caso und Matrano nach **Sant'Agata sui Due Golfi**, das auf einem Gebirgskamm zwischen den Golfen von Neapel und Salerno liegt. Hier lockt Feinschmecker ein Dreisternemenü von Meisterkoch Alfonso Iaccarino im TOP TIPP **Ristorante Don Alfonso 1890** (Corso Sant'Agata 11/13, Tel. 08 18 78 00 26, www.donalfonso.com, Mo/Di sowie Nov.–März geschl.). Nie würde man hier eines der besten und teuersten Restaurants Italiens vermuten. Angeschlossen ist das überaus reizende kleine *Boutique-Hotel Don Alfonso*.

Monument der Frömmigkeit – Unterwassermadonna bei Massa Lubrense

Amalfiküste – Traumpanoramen, steile Klippen und kühn gestapelte Häuser

Eine der schönsten Panoramastraßen der Welt, die rund 50 km lange **Amalfitana** ist kurvig, eng und zwingt geradezu zu beschaulicher Fahrt. Sie erschließt die **Costiera Amalfitana**, auch Costiera Divina genannt, und muss aufgrund der Enge der Straße in der Sommersaison durch Ampeln geregelt werden. Die Landschaft an den Südhängen der Monti Lattari zwischen Positano und Vietri sul Mare raubt schier den Atem, die Straße verläuft verwegen auf der Kante zwischen Fels und Meer, die Häuser von **Positano**, **Amalfi** und **Ravello** stapeln sich kühn die Hänge hinauf. Von den aussichtsreichen Terrassen der Hotels blickend, wird dem Reisenden verständlich, weshalb dieser Küstenabschnitt der ›göttliche‹ heißt.

32 Positano

Häuser türmen sich über dem Abgrund, Luxus drängt sich auf engstem Raum.

Malerisch verschachtelt liegt Positano zwischen Punta Germano im Westen und Capo Sottile im Osten. Die Häuser mit ihren Kuppeldächern, dicht an dicht, kubisch, weiß, pastellfarben, mal himmelblau, mal pompejanisch-rot, sind so geschickt in den Steilhang des **Monte Comune** gebaut, dass alle Fenster und die von Bougainvillea umrankten Terrassen atemberaubende *Ausblicke* auf das Meer und die winzigen, von Mythen umrankten Hahneninseln **Li Galli** bieten.

Bis 1889 war Positano nur auf schmalen Bergpfaden oder mit dem Schiff zu erreichen, ein Ort der Fischer, Seeleute und Eremiten, doch der Bau der Küstenstraße **Amalfitana** erschloss das Städtchen für den Tourismus. Hotels und Villen wurden oft in exponiertesten Lagen auf die Felsen gebaut, bis auch das kleinste Fleckchen Grund genutzt, aber auch das Flair des Fischerdorfes dahin war. Im malerischen Zentrum sind die Geschäfte dicht gereiht, es gibt Schmuck, Mode und Souvenirs. Handgefärbte Stoffe und fantasievolle Keramik finden viel Zuspruch.

Oberhalb der kleinen Bucht leuchtet die Majolikakuppel der Pfarrkirche **Santa Maria Assunta** in strahlenden Farben. Die Gedenktafel am *Campanile* erinnert an *Flavio Gioia*, der als Erfinder des Kompasses gilt. Gleich daneben sieht man das uralte, wohl langobardische *Relief* mit einem fischschwänzigen Seeungeheuer. Im *Kircheninneren*, am Hauptaltar, prangt eine kostbare byzantinische Ikone. Ganz in güldene Gewänder gehüllt steht die lebensgroße Figur der ›Maria Regina di Positano‹ mit dem Christuskind auf dem Arm. Eine Legende besagt, dass die Ikone während des byzantinischen Bilderstreits im 12. Jh. auf wundersame Weise mit einem Segelschiff vor der Küste von Posita anlangte und den Kapitän mit den Rufen: ›Posa, Posa!‹ aufforderte, an Land zu gehen. Seitdem wird die Maria Regina jedes Jahr am 15. August in einer Prozession zum Strand getragen.

Der schönste Ausflug von Positano aus führt auf schmaler, steiler Straße in das Bergdorf **Montepertuso**, ein Zufluchtsort aus der Zeit der Sarazenenüberfälle.

TOP TIPP Fantastischer als von den Terrassen der **Trattoria La Tagliata** (Via Tagliata 32 b, Tel. 089 87 58 72, www.latagliata.com, Nov.–März meist nur Sa/So geöffnet, ansonsten tgl.) kann der Ausblick auf die amalfitanische Küste kaum sein. Die berühmten Lammgerichte des Hauses begleitet frisches Gemüse aus eigenem Anbau. Im Sommer gibt es abends des Öfteren auch Livemusik und Tanz.

i Praktische Hinweise

Information

AACST, Via Regina Giovanna 13, Positano, Tel. 089 87 50 67, www.aziendaturismopositano.it

Blick von der Panoramastraße Amalfitana zurück auf das bildschöne Positano

Farbenfrohe Boote am Kiesstrand von Positano und über allem thront Santa Maria Assunta

Hotels

*******Il San Pietro**, Via Laurito 2, Positano, Tel. 089 81 20 80, www.ilsanpietro.it. Spitzenhotel in atemberaubender Lage mit Restaurants, Pool, Spa und Privatstrand (Nov.–März geschl.).

*******Le Sirenuse**, Via Cristoforo Colombo 30, Positano, Tel. 089 87 50 66, www.sirenuse.it. Luxushotel für Ästheten im Adelspalais, edelste Antiquitäten, Pool- und Bar-Terrasse (Nov.–März geschl.).

*****Casa Albertina**, Via della Tavolozza 3, Positano, Tel. 089 87 51 43, www.casalbertina.it. Hübsches, gemütliches Hotel in einem Gebäude aus dem 18. Jh. mit modernem Komfort und Restaurant.

TOP TIPP *****Conca d'Oro**, Via Boscariello 16, Positano, Tel. 089 87 51 11, www.hotel-concadoro.com. Das geschmackvoll ausgestattete Hotel schmiegt sich in die steilen Felsen und bietet von allen Zimmern einen herrlichen Meerblick. Ein Treppenweg führt zum Strand.

Restaurants

Mediterraneo, Via Pasitea 236, Positano, Tel. 08 98 12 28 28 www.mediterraneo

Dolce Vita und Zitronen auf der Terrasse des Hotels Le Sirenuse mit Pool und Bar

positano.com. Delikate Fischgerichte und typische Speisen der Amalfiküste, die Spezialität ist Fischsuppe.

Saraceno d'Oro, Via Pasitea 254, Positano, Tel. 089 81 20 50, www.saracenodoro.it. Qualitätvolle Speisen und familiäre Atmosphäre begeistern Einheimische und Urlauber (Jan./Febr. geschl.).

Treville Beach Club, Via Spiaggia Laurito 24, Positano, Tel. 089 81 15 80, www.trevillebeachclub.it. Das Fischrestaurant (tgl. 12–16.30 Uhr) mit Loungebereich liegt in einer Bucht, die nur über viele Treppen oder per Boot zu erreichen ist. Boote des Restaurants verkehren mehrmals zwischen Treville und dem Hafen in Positano. Abends Barbetrieb und Partys.

33 Praiano

Eine Fischersiedlung mit touristischen Ambitionen.

Das *Capo Sottile* trennt den Ortsteil **Vettico Maggiore** mit seinen schwindelerregenden Treppenwegen von der Streusiedlung Praiano an der Steilküste der *Monti Lattari*. Die Felsen haben nur den winzigen Strand **Marina di Praia** ausgespart. Wie eine Nase ragt das Kap ins Meer, auf einem Vorsprung steht die *Torre Assiola*, einst Wachturm zum Schutz vor Sarazenen.

In der Umgebung von Praiano hat die Landschaft Grandioses zu bieten. Gen Osten erreicht man zunächst den **Vallone di Furore**, die Schlucht des Zorns, durch die das Meerwasser bei hoher See mit Getöse rauscht. Der aussichtsreiche Wanderweg *Pfad der Götter* führt von Positano die Küste entlang und durch den Vallone bis nach Monte Sant'Angelo.

Ein Stück weiter, bei *Conca dei Marini* öffnet sich eine Felsbucht mit dem Einstieg zur **Grotta dello Smeraldo** (Treppe oder Aufzug von der Straße, Boote am Eingang, tgl. 9.30–16 Uhr). Kristallklar ist das 10 m tiefe Wasser in der Karstgrotte, smaragdgrün, daher der Name, wirft es die durch eine Felsöffnung eindringenden Lichtstrahlen zurück. Einen seltsamen Kontrast zu den fantastischen Tropfsteinformationen bildet eine Unterwasserkrippe aus Keramik.

TOP TIPP

i Praktische Hinweise

Hotels

******Grand Hotel Tritone**, Via Campo 5, an der Amalfitana 2 km östlich von Praiano, Tel. 089 87 43 33, www.tritone.it. Modernes Hotel auf einer Klippe über dem Meer mit Restaurant, Schwimmbad und Terrasse (Anfang Okt.–April geschl.).

*****Onda Verde**, Via Terramare 3, Praiano, Tel. 089 87 41 25, www.ondaverde.it. Beschauliches Hotel und Restaurant auf Felsen mit herrlichem Panorama (Nov.–März geschl.).

Restaurant

La Brace, Via Capriglione 146, Praiano, Tel. 089 87 42 26. Einfaches Lokal mit schönem Blick. Die Spezialitäten: frische Pasta und Risotto alla Pescatore.

34 Amalfi

Malerisch, mittelalterlich, ein Juwel unter den Seebädern zwischen Zitronenhainen und Felsklippen.

Amalfi ist die *älteste Seerepublik* Italiens. Das historische Amalfi, als *A Melphis* eine römische Gründung, wurde durch Seefahrt und Handel reich und durch Beharrlichkeit von Neapel unabhängig. Dogen führten das Städtchen auf den Weg zur Republik und zur Seemacht, die mit Genua und Pisa wetteifern konnte. Zu seiner Blütezeit im 11. Jh. zählte Amalfi 50 000 Einwohner und unterhielt rege Beziehungen bis nach Kleinasien. Damals entstand hier die ›Tabula de Amalpha‹, die erste Niederschrift des Seerechts im Mittelmeer, das bis ins 14. Jh. Gültigkeit hatte.

Die Stadt wurde in eindrucksvoller architektonischer Geschlossenheit in die Uferfelsen am Ende der *Valle dei Mulini* eingepasst. Doch man ahnt die Schrecken der Vergangenheit: Zweimal, im 11. und 14. Jh., wurden Teile Amalfis in die stürmischen Meeresfluten gerissen, im 19. Jh. verwüsteten gewaltige Erdrutsche den Ort, doch diese Narben sind längst

Rechts: *Wanderslust unter Blumen auf dem Pfad der Götter bei Praiano*
Unten: *Die malerische Badebucht von Marina di Praia bei Praiano lädt zum Verweilen ein*

verheilt, und Amalfi begeistert noch heute mit seiner bewegten, farblich aufgemunterten Silhouette. Die reizvolle **Piazza Flavio Gioia** bietet sich als Ausgangspunkt für einen Spaziergang an. Der Blick streift vom Molo Scalo d'Oriente zur Torre Saracena meerwärts über Fischerboote, landwärts über ein Häusergewirr, das sich an Abhänge klammert. Ob *Flavio Gioia*, der Mann auf dem Denkmalssockel, den Kompass, den er in der Hand hält, wirklich erfunden oder nur die von den Chinesen konstruierte Magnetnadel um die Windrose ergänzt hat, bleibt weiter offen.

Von der Piazza gelangt man zum alten *Arsenale d'Repubblica*, hier wurden die Galeeren der Seerepublik gebaut. Heute beherbergt es das **Museo della Bussola e del Ducato Marinaro** (Largo Cesareo Console 3, Antico Arsenale, Tel. 089 87 11 70, Di–Do 11–18.30 Uhr). Von hier sind es nur noch wenige Schritte bis zum **Duomo Sant'Andrea** (www.parrocchiaamalfi.com). Der im 11.–13. Jh. entstandene Bau ragt über einer steilen Freitreppe auf. Die vielfarbige *Fassade*, eine verspielte Komposition aus geometrischen Mustern, Majolika und Mosaiken, wurde nach ihrem Einsturz durch Erdrutsch im 19. Jh. wiederhergestellt. Besonders faszinierend ist der *Campanile* (12./13. Jh.) mit seinen gelb und grün glasierten Ziegeln an der Spitze im normannisch-arabischen Stil. Das *Hauptportal* mit der berühmten, um 1066 in Konstantinopel gegossenen *Bronzetür* führt ins barockisierte *Kircheninnere*. Alte Relikte sind die antiken Säulen am Eingang zum Chor, die beiden Lesekanzeln beim Hochaltar aus dem 12./13. Jh. und die 1208 aus Patras überführten *Gebeine des hl. Andreas* in der *Krypta*, die durch den *Chiostro del Paradiso* zugänglich ist. Der Kreuzgang aus dem Jahr 1268 erfreut das Auge mit seinen arabisch anmutenden spitzbogigen Arkaden. Die *Basilica del Crocifisso*, die alte Kathedrale links vom

Amalfi – hier der Blick auf den Hafen – gehörte einst zu den führenden Seemächten Italiens

Hauptschiff des Doms, vereint Bauteile des 6., 9. und 13. Jh.

Der Arkadengang *Supportico Ferrari* verbindet die Piazza Duomo mit der **Piazza dei Dogi**, die von mittelalterlichen Gebäuden gesäumt wird. Von hier kann man in den Stadtteil **Vagliendola** hinaufsteigen, wo die Häuser aus dem Fels zu wachsen scheinen. Treppen und Gässchen erschließen verschachtelte Häuser und Stadtpalais, die mit ihren Türmchen zuweilen vierstöckig hoch hinaus wollen.

Vom nördlichen Teil der Piazza Duomo führen die Hauptstraßen Amalfis, Via Lorenzo di Amalfi und Via Pietro Capuano, zur Via delle Cartiere, die den Beginn des schönen **Valle dei Mulini** markiert. Mit Zitronenbäumen geschmückte Terrassen

Feierlich speisen an der Piazza del Duomo zu Füßen des Duomo Sant'Andrea

und Ausblicke auf wildes Bergland machen den Reiz des Tales aus. Seine Bäche trieben früher viele kleine Papiermühlen an. In zwei Papierfabriken der Via delle Cartiere, der Cartiera Cavaliere und der Cartiera Amatruda, wird heute noch Büttenpapier von Hand geschöpft. Das **Museo della Carta** (Via delle Cartiere 23, Tel. 08 98 30 45 61, www.museodellacarta.it, März–Okt. tgl. 10–18.30, Nov.–Febr. Di, Mi, Fr–So 10–15.30 Uhr) dokumentiert die Tradition der Papierherstellung von den Anfängen in China bis heute.

i Praktische Hinweise

Information

AAST, Via delle Repubbliche Marinare, Amalfi, Tel. 089 87 11 07, www.amalfitouristoffice.it

Hafen

Verbindungen per Tragflügelboot mit Positano, Capri, Ischia, Sorrent, Neapel und Salerno.

Hotels

*****__Santa Caterina__, Via Mauro Comite 9, Amalfi, Tel. 089 87 10 12, www.hotelsanta caterina.it. Luxuriöses, stilvolles Haus mit bestechender Aussicht auf den Golf. Zwei sehr gute Restaurants und eine Bar, Pool und Wellness Spa.

****__Il Saraceno__, Via Giovanni Augustariccio 13, Amalfi, Tel. 089 83 11 48, www.saraceno.it. Elegantes Wohnen in einer alten Festung. Steile Treppen führen durch blühende Gärten zum Strand.

****__Luna Convento__, Via P. Comite 33, Amalfi, Tel. 089 87 10 02, www.lunahotel.it. Romantik in einem renovierten Kloster aus dem 13. Jh., herrliche Felsenlage, stilvolle Restaurants.

***__Lidomare__, Largo Piccolomini 9, Amalfi, Tel. 089 87 13 32, www.lidomare.it. Kleines Hotel (15 Zi.) im Stadtzentrum, hübsch und behaglich mit alten Möbeln.

Restaurants

Da Gemma, Via Fra Gerardo Sasso 11, Amalfi, Tel. 089 87 13 45, www.trattoria dagemma.com. Historische Trattoria im Ortskern mit hübscher Sommerterrasse. Ausgefeilte Fischküche (Mi geschl.).

La Taverna dei Briganti, Via Valle di Pogerola, Amalfi, Tel. 089 83 00 10, www.tavernadeibriganti.com. Feine traditionelle Küche im Ortsteil Pogerola oberhalb des Zentrums. Terrasse mit Blick über den Golf (Mo geschl., in den Wintermonaten nur Fr–So geöffnet).

Taverna degli Apostoli, Piazza del Duomo, Amalfi, Tel. 089 87 29 91. Italienische Gerichte und Frisches aus dem Meer können hier mit herrlichem Blick auf den Dom verzehrt werden.

35 Ravello

Ein mittelalterliches Juwel in atemberaubender Lage.

Die Straße 373 führt vom hübschen mittelalterlichen Dorf *Atrani*, wo in der Chiesa San Salvatore de' Bireto einst Amalfis Dogen gekrönt wurden, in Kehren bergan. Olivenhaine und Weinberge säumen den Weg durch das **Valle del Dragone**, das Tal des Drachen. Der 350 m hoch an den Ausläufern des Monte Cerreto gelegene Ort Ravello ist ruhig, idyllisch und vergangenheitsbezogen. Zwischen dem 11. und 13. Jh. blühte Ravello als Handelsstadt auf, mit eigenem *Hafen* zwischen Atrani und Minori und Handelsniederlassungen rund ums Mittelmeer. Das Ende dieser Erfolgsgeschichte kam 1335 mit der Zerstörung durch die Pisaner. Im Mittelalter war Ravello eine der bevölkerungsreichsten Städte Italiens, von mächtigen Adelsfamilien favorisiert, heute ist es eine Kleinstadt, doch Ziel von Reisenden aus aller Welt. Sie kommen, um das liebliche Ambiente zu genießen, die Villen zu besichtigen und das renommierte **Ravello Festival** (Tel. 089 85 84 22, www.ravellofestival.com) klassischer und moderner Musik zu besuchen.

TOP TIPP Im Jahr 1086, in der Glanzzeit Ravellos, wurde der **Duomo San Pantaleone** (www.chiesaravello.it) in Auftrag gegeben. Seine schlichte, weiße, erneuerte Fassade wirkt wie ein edler Rahmen für das prächtige romanische *Bronzeportal* des apulischen Erzgießers Barisano da Trani mit Motiven aus dem Neuen Testament. Ist der Dom geschlossen, verdecken Holztüren das bronzene Meisterwerk. Der *Innenraum* ist schmal und steht ganz im Banne der 1272 von Nicola di Bartolomeo di Foggia geschaffenen *Kanzel*. Diese viereckige, reich geschmückte Empore dominiert über zierlichen, mosaikverzierten Säulen, die von sechs Löwen getragen werden. Ein Adler breitet seine Schwingen aus, als wolle er das Wort des Predigers über Land und Meer tragen. Rege Fantasie beflügelte den Mosaikenmeister des *Ambo*, der Lesekanzel gleich gegenüber. Er steckte Jonas in das Maul eines Meerungeheuers, das mit einem Wal nicht die entfernteste Ähnlichkeit aufweist, aber für höchste Spannung sorgt. Links vom Hochalter, in der *Cappella Pantaleone*, wird das Blut des hl. Pantaleon aufbewahrt. Seit 1557 geht es an jedem 27. Juli nach Art des Blutwunders in Neapel vom festen in flüssigen Zustand über.

Vom Domplatz aus lohnt ein Abstecher in das einst so elegante *Toro-Viertel* mit der **Chiesa San Giovanni in Toro**. Im 11. Jh. entstanden, beeindruckt sie vor allem durch ihre mit schönen Mosaiken geschmückte *Kanzel*, die der apulische Meister Alfano da Termoli schuf.

Die Fürsten Rufolo, immens reich und geschäftstüchtig, Privatbankiers der Anjou, Kreditgeber der neapolitanischen Könige, ließen im 13. Jh. die von zauberhaften Gärten umrahmte **Villa Rufolo** (Tel. 089 85 76 21, www.villarufolo.it, tgl. 9–17 Uhr) im arabisch-sizilianischen Baustil errichten. Die Reste der Villa und der berühmte *Maurische Hof* sind unweit der Piazza Duomo zu besichtigen. Auf der gepflegten Blumenterrasse mit unvergesslichem Blick über die amalfitanische Küste ging einst *Richard Wagner* spazieren. Ins Gästebuch schrieb er zum Abschied eingedenk des ›Parsifal‹: »Der Zaubergarten des Klingsor ist gefunden.« Die Villa Rufolo und ihre Terrasse fungieren im Sommer als einer der Schauplätze für das Ravello Festival.

TOP TIPP

Links und unten: *Herrliche Zeugnisse aus Ravellos Glanzzeit sind das Bronzeportal des Duomo San Pantaleone und das Mosaik mit Jonas im Rachen eines Meerungeheuers auf der Lesekanzel im Inneren*

Richard Wagner wähnte sich in Klingsors Zaubergarten – die Terrasse der Villa Rufolo

Über die Via San Francesco und die Via Santa Chiara gelangt man zur **Villa Cimbrone**, die heute als Luxushotel dient. Sie wurde im 15. Jh. erbaut und im frühen 20. Jh. von dem britischen Landschaftsarchitekten Lord Grimthorpe erworben. Sein Gestaltungswille griff stark in die Originalstruktur ein, die Krypta und der Kreuzgang sind Nachbauten jener Zeit. Antike Büsten und deren Kopien stehen im schönen **Giardino Cimbrone** (Tel. 089857459, www.villacimbrone.com, tgl. 9 Uhr bis Sonnenuntergang) auf der *Terrazza dell'Infinito* Spalier, sie ähneln pflegeleichten Blüten einer seltsamen Art-déco-Kunst. Zwischen den weißen Köpfen hindurch, deren Ausdruck platt und freundlich erscheint, genießen Besucher einen bezaubernden Panoramablick über das Meer und die amalfitanische Küste.

Ebenfalls dem Meer zugewandt liegt etwas weiter unten, an der Via della Repubblica, der weiße, raupenförmige Bau des **Auditorium Oscar Niemeyer** nach Plänen des namensgebenden brasilianischen Stararchitekten (1907–2012). Der avantgardistische Konzertsaal (400 Plätze) der Città della Musica, wie sich Ravello nennt, wurde im Jahr 2010 feierlich eröffnet.

Praktische Hinweise

Information

AACST, Via Roma 18, Ravello, Tel. 089857096, www.ravellotime.it

Hotels

*******Belmond Hotel Caruso**, Piazza San Giovanni del Toro 2, Ravello, Tel. 089858800, www.belmond.com. Luxushotel in einem Palazzo mit altertümlichem Charme und prachtvoller Sommerterrasse (Nov.–März geschl.).

******Villa Cimbrone**, Via Santa Chiara 26, Ravello, Tel. 089857459, www.villacimbrone.com. Die Villa, etwas abseits in einer herrlichen Gartenanlage, besticht mit traumhaftem Ausblick.

*****Parsifal**, Viale Gioacchino d'Anna 5, Ravello, Tel. 089857144, www.hotelparsifal.com. Angenehmes Hotel in einem Kloster des 13. Jh. mit Restaurant, Panoramaterrassen und Garten.

Restaurant

Enotavola Wine Bar, Via della Marra 7, Ravello. Perfekt zubereitete lokale Spezialitäten und feine Weine im Palazzo della Marra im Herzen der Stadt.

Schon zur Zeit der alten Römer beliebt – das Städtchen Minori im Abendlicht

36 Vietri sul Mare

Badestrände, eine römische Villa und kunterbunte Keramik.

Als kleine lebhafte Badeorte an der Amalfiküste sind **Maiori** und **Minori** bekannt, ihre Glanzpunkte sind die palmenbestandenen Uferpromenaden und die Strände, Maiori verfügt über den längsten **Sandstrand** der von Kieselstränden geprägten Costiera Amalfitana. Unter den Sehenswürdigkeiten sind einige Kirchen und Palazzi, doch das bedeutendste Zeugnis der Geschichte bewahrt Minori, das antike *Rheginna Minor*. Hier wurde 1932 die *Villa Marittima Romana* (tgl. 9 bis 1 Std. vor Sonnenuntergang) entdeckt. Die Ausgrabungen des römischen Landsitzes aus dem 1. Jh. n. Chr. umfasst Räume mit schönen Fußbodenmosaiken. Im Antiquarium sieht man Reste von Wandmalereien, die Altarnische für die Hausgötter, Vasen, Amphoren und anderes Haushaltsgerät.

Die Amalfitana führt kehrenreich unter dem *Monte dell'Avvocata* entlang zwischen Meer und Limonengärten, Felsklippen und Wildblumen. Nachdem sie das *Capo d'Orso* und das pittoreske Fischerdorf **Cetara** passiert hat, endet die Panoramastraße in **Vietri sul Mare**, einem Ort voll südlicher Lebhaftigkeit. Er

Zitronen, Limonen, Limoncello

Der römische Schriftsteller Plinius d. Ä., ein Opfer des Vesuvausbruchs von 79 n. Chr., schrieb in seiner berühmten, 37 Bücher umfassenden Naturgeschichte ›**Naturalis historia**‹ über die Zitronen: »Die Früchte isst man nicht«. Die Griechen hatten die Zitrufrüchte auf dem

Kriegszug Alexanders des Großen kennengelernt und als persische oder medische Äpfel bezeichnet.

Die Begeisterung für deren herbe Säure hielt sich zunächst in Grenzen, doch als Symbole Glück bringender **Fruchtbarkeit** machten die Zitronen in Hellas und seinen Kolonien bald Karriere. Doch erst im **19. Jh.**, als ein Reblausbefall viele Weingärten vernichtete, breitete sich der Zitrusfrüchteanbau in großem Stil auf den Inseln, im Sorrentino und an der Küste von Amalfi aus.

Größter Beliebtheit erfreut sich der **Limoncello**. Der Zitronenlikör aus Zitronenschale, hochprozentigem Alkohol und Zuckersirup ist in der ganzen Golfregion als eisgekühlter Digestif und originelles Mitbringsel zu finden.

wurde von den Etruskern gegründet und viel später von den Fürsten aus Salerno als Sommerfrische geliebt. Seit dem Mittelalter ist Vietri zugleich ein bedeutendes Zentrum der *Keramikproduktion*. Die Schaufenster der Geschäfte sind voll von bunten, originellen Gefäßen, doch künstlerisch wertvolle Objekte findet man am ehesten im **Museo Provinciale della Ceramica** (Via Nuova Raito, Tel. 089 21 18 35, April–Sept. Di–So 9–18.30, Okt.–März Di–So 9–15 Uhr) in der Villa Guariglia. Es versammelt fein bemalte Schalen, Vasen und Figürchen. Amüsant wirken vor allem jene, die zu Genreszenen arrangiert sind.

i Praktische Hinweise

Information

AAST, Corso Reginna 73, Maiori, Tel. 089 87 74 52, www.aziendaturismo-maiori.it

Hotel

******Lloyd's Baia**, Via Enrico de Marinis 2, Vietri sul Mare, Tel. 08 97 63 31 11, www.lloydsbaiahotel.it. Stilvolle Zimmer mit prächtiger Aussicht über den Golf. Per Lift geht es hinab zum Privatstrand.

Restaurants

Il Faro di Capo d'Orso, Via Diego Taiani 48, Maiori, Tel. 089 87 70 22, www.ilfarodicapodorso.it. Zauberhaft gelegenes Restaurant am Bärenkap (April–Okt. Di, Nov.–März Di/Mi geschl.).

Il Principe e la Civetta, Via Giuseppe Mazzini 137, Vietri Sul Mare, Tel. 08 97 63 22 01, www.ilprincipeelacivetta.it. Italienische Köstlichkeiten: Frisches aus dem Meer und Pasta-Spezialitäten.

Torre Normanna, Via Diego Taiani 4, Maiori, Tel. 089 87 71 00, www.torrenormanna.net. Frische Meeresfrüchte im Gewölbe oder auf der Terrasse serviert.

Golf von Salerno – Ausflug in die versunkene Welt der Griechen

Südöstlich von Vietri sul Mare endet die herbwilde Felsküste der Amalfitana und die sympathische Stadt **Salerno** mit ihren Flaniermeilen und dem altehrwürdigen Duomo sowie die sanfte Ebene der *Piana del Sele* schließen sich an. Längst befinden wir uns nicht mehr im Golf von Neapel, sondern im *Golfo di Salerno*, doch das Bild Kampaniens und Neapels wäre unvollständig ohne die grandiosen griechischen Tempel von **Paestum**, die bedeutendsten Überreste der *Magna Graecia* in Süditalien. In Paestum, an diesem magischen Ort, taucht der Reisende ein in eine Welt zeitlosen Ebenmaßes und immerwährenden Gleichmuts.

37 Salerno

Die angenehme Hafenstadt besaß einst eine berühmte Medizinschule.

Schön ist die Fahrt per Schiff entlang der Amalfiküste nach Salerno (135 000 Einw.). Hier weitet sich die Landschaft wie ein Fächer, Berge und Hügel treten zurück, lassen Raum für die Stadt und aussichtsreiche Promenaden wie den **Lungomare Trieste** am Meeresufer.

Die Ursprünge von Salerno reichen ins 5. Jh. v. Chr. zurück. Die etruskisch-samnitische Gründung, ab 195 v. Chr. römische Kolonie mit Namen *Salernum*, gelangte im frühen Mittelalter unter die Herrschaft der Langobarden, dann der Normannen. Damals genoss Salerno Ansehen als Sitz der *Scuola Medica*, der ersten Schule für Medizin, und trug den Beinamen ›Stadt des Hippokrates‹. Erst mit Gründung der Universitäten im 14. Jh. verlor dieser Lehrbetrieb seine europaweit führende Rolle.

Plan S. 121

Hoch über Salerno thront das imposante *Castello di Arechi*. Im 11. Jh. saß hier der normannische Eroberer Robert Guiscard, plante im mild-schönen Ambiente schattiger Olivenhaine mit atemberaubenden Blick über den Golf die Inbesitznahme Süditaliens und Siziliens.

Zugleich regte er den Neubau der seit dem 9. Jh. bestehenden Kathedrale von Salerno an. Der **Duomo Santa Maria degli Angeli e San Matteo** wurde 1084 im arabisch-normannischen Stil über dem Vorgangerbau errichtet. Im Laufe der Zeit erfuhr er viele Veränderungen, doch die wichtigsten Bauglieder wurden in den Originalzustand zurückversetzt. Feierlich rahmen antike Säulen vom römischen Forum das weite *Atrium*. Über den gestelzten Arkaden und den zierlichen Bögen des Loggiengeschosses ragt der wuchtige 1000-jährige Campanile auf. Die *Bronzetüren* des Portals, 1099 in Konstantinopel gegossen, geleiten ins dreischiffige *Innere*. Es birgt zwei prächtige Lesekanzeln, die *Ambone* aus dem 12. Jh., Mosaike aus der Normannenzeit, einen reliefierter Osterleuchter, Grabmäler der Margarete von Anjou und des 1085 in Salerno gestorbenen Papstes Gregor VII.

Glanzstücke des *Museo Diocesano* sind die *Avori Salernitani,* Elfenbeintafeln des 12. Jh. mit liebevoll geschnitzten Szenen des Alten und Neuen Testaments.

In der *Abbazia San Benedetto* östlich des Doms präsentiert das **Museo Archeologico Provinciale** (Via San Benedetto 15, Tel. 089 23 11 35, www.museoarcheologicosalerno.it, Di–So 9–19.30 Uhr) Exponate von der Steinzeit bis in die Antike. Ein sehr kostbares Stück ist der späthellenistische Bronzekopf des *Apoll*, den Taucher 1930 im Golf von Salerno fanden.

Salerno bietet nicht nur eindrucksvolle Zeugnisse seiner Vergangenheit, denn beim Flanieren durch die malerische Altstadt und über den Corso Vittorio Emanuele trifft man auf viele interessante Geschäfte und nette Cafés.

i Praktische Hinweise

Information

EPT, Via Velia 15, Tel. 089 23 04 11, www.eptsalerno.it

Hotel

*****La Madegra Sea Suite**, Piazza della Concordia 35, Tel. 08 95 64 78 15, www.madegrahotelsalerno.it. Moderne Ausstattung und direkte Hafenlage.

Restaurant

Osteria dei Sapori, Vicolo S. Maria de Domno 4, Salerno, Mobil 32 86 93 87 15. Unscheinbar in einer schmalen Gasse gelegenes, gemütliches Restaurant. Mediterrane Küche und Meeresfrüchte.

38 Paestum

Berühmt ist die einstige Stadt des Meergottes Poseidon wegen ihrer majestätischen Tempelruinen.

Man kann Paestum von Salerno aus gut mit dem Zug erreichen. Per Auto geht es entweder auf der A 3 Salerno-Reggio Calabria bis Battipaglia und anschließend auf der SS 18 oder auf der Küstenstraße über Spineta Nuova.

Paestum, einst am Meer, heute inmitten grüner Wiesen und Felder gelegen, wurde im 7. Jh. v. Chr. als *Poseidonia* von Griechen aus der ostitalienischen Kolonie *Sybaris* gegründet. Es erlebte seine *Blütezeit* im 6./5. Jh. v. Chr. An der Wende zum 4. Jh. v. Chr. fiel es in die Hände der Lucaner. Im Jahre 273 v. Chr. zogen die Römer ein und gaben ihm den Namen *Paestum*.

Salerno – auch das Umland der lieblich gebetteten Hafenstadt ist eindrucksvoll

Die griechischen Tempel von Paestum vergegenwärtigen die Höhepunkte antiker Baukunst

Mit Ende des Römischen Reiches büßte das einst stolze, wohlhabende Gemeinwesen an Bedeutung ein, die Bevölkerung wurde durch Überschwemmungen, Malaria und Sarazenenüberfälle dezimiert, und dann versanken die Bauwerke im wildwuchernden Grün der Sümpfe.

Erst im Jahr 1745 stieß man per Zufall auf die großartig erhaltenen Tempel von Paestum. Heute sind sie als **Area Archeologica di Paestum** (www.paestumsites.it, tgl. 8.30–19.30 Uhr, nach Sonnenuntergang können nur noch die Basilica und der Heratempel besichtigt werden) zugänglich und gehören zum UNESCO-Weltkulturerbe. Man betritt die im 5. Jh. v. Chr. wehrhaft ummauerte Stadt durch die **Porta della Giustizia** [**1**] und folgt der Via Sacra.

TOP TIPP

Den ersten gewaltigen Bau auf der rechten Seite tauften die Archäologen **Basilica** [**2**], da sie ihn für eine Versammlungshalle hielten, doch weitere Funde ergaben, dass es sich um ein Heiligtum handelte. Dieser älteste Tempel Paestums wurde um die Mitte des 6. Jh. v. Chr. erbaut und war wohl der Hera geweiht. Die *archaisch-dorischen* Säulen mit ihren weitausschwingenden, rundlich gepolsterten Kapitellen stemmen nur mehr Reste des Gebälks, doch die Wirkung ist grandios. An den Längsseiten stehen 18 Säulen, an den schmalen Enden neun, was ungewöhnlich ist, denn in der Regel ist die Anzahl der Stützen gerade.

Ein Stück weiter erhebt sich der **Tempio di Nettuno** [**3**], doch dieser Poseidontempel genannte Bau war wohl nicht dem Gott des Meeres, sondern der Hera Argiva geweiht. Das *klassisch-dorische* Bauwerk aus dem 5. Jh. v. Chr. ist einer der am besten erhaltenen Tempel überhaupt. Der Travertin schimmert in warmen Gelbtönen, allerdings war der in seiner Schmucklosigkeit nun würdevoll wirkende Kultbau einst bunt bemalt und reich verziert. Eindrucksvoll ist die Harmonie der 9 m hohen, 6 x 14 Säulen mit ihren nun schwungvoll aufsteigenden Kapitellen. Sie umkränzen die dreischiffige *Cella*, den Kultraum, und tragen das Dachgebälk und die einst figurengeschmückten Giebel der Schmalseiten.

Im Jahr 1931 wurden weiter nördlich die Reste der griechischen **Agora** [**4**], des späteren römischen Forums, freigelegt. Dies war der Versammlungsort der Händler und Bauern, die hier ihre Waren feilboten und nach gutem Abschluss ihrer Geschäfte zu den Tempeln der Laren und der Fortuna Virilis spazierten, zum Gymnasium für die Ertüchtigung oder zum **Anfiteatro** [**5**] (1. Jh. n. Chr.), um sich an Gladiatorenkämpfen zu ergötzen.

Die Via Sacra führt am **Sacello Sotterraneo** [**6**], dem unterirdischen Heiligtum der Hera aus dem 6. Jh. v. Chr., vorbei zum **Tempio di Cerere** [**7**], dem Tempel der Ceres, der ursprünglich der Athena geweiht war. Erstaunlich, weil untypisch für die griechische Baukunst, ist der hohe Giebel, der sich wie eine Krone erhebt.

Das **Museo Archeologico Nazionale** [**8**] (Via Magna Graecia, tgl. 8.30–19.30 Uhr, 1. und 3. Mo im Monat geschl.) präsentiert prachtvolle Bronzevasen, Terrakottastatuen, Votivtafeln und *Metopen*, die Reliefplatten vom Gebälk des Heraions an der Selemündung. Aus den *Nekropolen* von Paestum stammen farbenprächtige Grabmalereien. Geradezu sensationell ist die *Tomba del Tuffatore* (um 490/480 v. Chr.), das

Der Taucher – ein Sprung ins blaue Nass als Metapher des Übergangs in eine andere Welt

Grab des Tauchers, mit den einzigen erhaltenen Grabmalereien der griechischen Klassik. Ergreifend in seiner stillen Anmut ist das Bild des Tuffatore, des elegant im Kopfsprung vom Turm auf das blau gewellte Wasser zufliegenden Jünglings. Schöner kann man den Übergang des Menschen ins Jenseits nicht beschreiben.

11 km außerhalb, an der Mündung des Flusses Sele, fand man 1934 Reste des *Tempels der Hera Argiva* (7. Jh. v. Chr.). Das **Museo Narrante di Hera Argiva** (Masseria Procuriali, Via Barizzo 29, Località Foce Sele, Capaccio, Tel. 08 28 81 10 23, tgl. 8.30–19.30, 1. und 3. Mo im Monat bis 13.40 Uhr) erläutert anhand von Modellen und Filmen den Kult um die Zeusgattin.

i Praktische Hinweise

Information

AACST, Via Magna Grecia 887, Paestum, Tel. 08 28 81 10 16, www.infopaestum.it

Hotel

******Ariston**, Via Laura 13, Capaccio Paestum, Tel. 08 28 85 13 33, www.hotelariston.com. Komfortables Hotel mit Pool.

Restaurant

Nettuno, Via Nettuno 2, Capaccio Paestum, Tel. 08 28 81 10 28, www.ristorantenettuno.com. Vorzügliche Küche und schöne Terrasse bei den Ausgrabungen (nur abends geschl.).

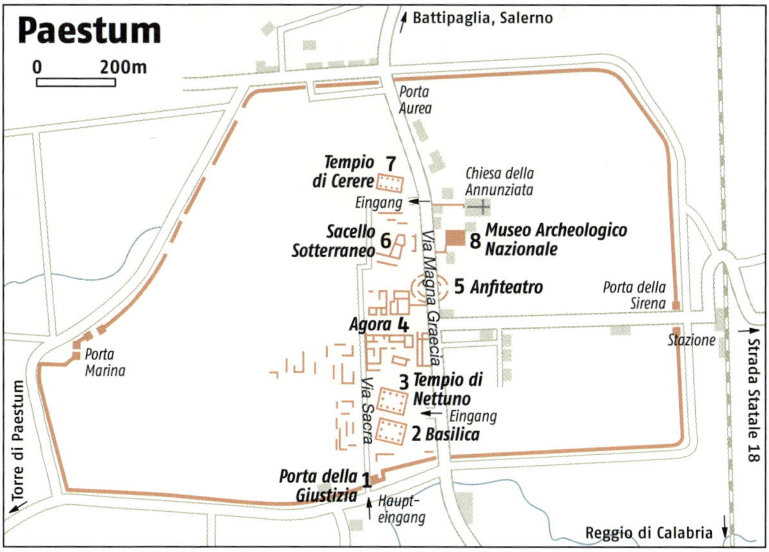

Golf von Neapel aktuell A bis Z

Vor Reiseantritt

ADAC Info-Service:
Tel. 0800/510 11 12
(gebührenfrei, Mo–Sa 8–20 Uhr)

Unter dieser Telefonnummer oder bei den ADAC Geschäftsstellen können ADAC Mitglieder kostenloses Informations- und Kartenmaterial anfordern.

ADAC im Internet:
www.adac.de
www.adac.de/reisefuehrer

Golf von Neapel im Internet:
www.inaples.it
www.portanapoli.com

Italienisches Tourismusministerium, www.italia.it

ENIT – Ente Nazionale Italiano per il Turismo, www.enit.it

Deutschland

Barckhausstr. 10, 60325 Frankfurt/Main, Tel. 069/23 74 34, frankfurt@enit.it, www.enit.de

Österreich

Mariahilfer Str. 1 b/XVI, 1060 Wien, Tel. 01/505 16 39, vienna@enit.it, www.enit.at

Schweiz

Für die Schweiz ist das ENIT-Büro in Frankfurt (s. o.) zuständig.

Allgemeine Informationen

Reisedokumente

Für Reisende aus Deutschland, Österreich und der Schweiz reicht ein gültiger Reisepass oder Personalausweis. Kinder bis 12 Jahre benötigen einen Kinderreisepass.

Kfz-Papiere

Führerschein und Zulassungsbescheinigung Teil 1 (vormals Fahrzeugschein) sind mitzuführen. Die Mitnahme der Internationalen Grünen Versicherungskarte wird empfohlen.

Krankenversicherung

Die Europäische Krankenversicherungskarte ist in die übliche Versicherungskarte integriert. Sie wird in ganz EU-Europa anerkannt und garantiert die medizinische Versorgung. Sicherheitshalber empfiehlt sich jedoch der Abschluss einer zusätzlichen Reisekranken- und Rückholversicherung.

Hund und Katze

Für Hunde und Katzen ist bei Reisen innerhalb der EU ein gültiger, vom Tierarzt ausgestellter EU-Heimtierausweis mit Nachweis einer Tollwutimpfung vorgeschrieben, ebenso die Kennzeichnung durch einen Mikrochip.

Zollbestimmungen

Zwischen EU-Ländern ist der persönliche Reisebedarf abgabenfrei. Richtmengen für den privaten Verbrauch: 800 Zigaretten, 400 Zigarillos, 200 Zigarren, 1 kg Rauchtabak, 10 l Spirituosen, 10 l alkoholhaltige Süßgetränke (Alkopops), 20 l andere alkoholische Getränke bis 22 % Vol., 60 l Schaumwein, 110 l Bier, 10 kg Kaffee. Infos: www.zoll.de bzw. www.bmf.gv.at/zoll

Bei Einreise in die Schweiz bleiben Waren im Gesamtwert von unter 300 CHF zollfrei (inkl. Alkohol und Tabak). Zusätzlich müssen Freimengen beachtet werden: Steuerfrei bleiben 250 Zigaretten/Zigarren oder 250 g andere Tabakfabrikate, 5 l alkoholische Getränke bis 18 % Vol. und 1 l alkoholische Getränke über 18 % Vol. Beschränkt ist außerdem die Mitnahme von Lebensmitteln. Infos: www.ezv.admin.ch

Geld

Die gängigen Kreditkarten werden in Banken, Hotels sowie den meisten Restaurants, Cafés und Geschäften akzeptiert. In allen Orten des Golfs von Neapel stehen Geldautomaten zur Verfügung. Barzahlungen von mehr als 1000 Euro sind aufgrund einer Direktive zur Nachvollziehbarkeit von Finanzierungen seit Anfang 2012 verboten.

Tourismusämter im Land

In vielen der beschriebenen Orte (s. Praktische Hinweise) gibt es Außenstellen der Tourismusämter oder Informationsbüros der *EPT, APT* oder *AACST*. Prospekte und Broschüren in Deutsch sind allerdings nicht überall erhältlich.

Aktuelle Informationen bietet auch das monatlich erscheinende Magazin ›Qui Napoli‹, das bei der AACST von Neapel, Via San Carlo 9 und Piazza del Gesù 7 sowie in vielen Hotels ausliegt.

Diplomatische Vertretungen

Honorarkonsulat der Bundesrepublik Deutschland, Via Medina 40, 80133 Napoli, Tel. 08 12 48 85 11, www.neapel.diplo.de

Das Honorarkonsulat verteilt einen Stadtplan, der über 250 Geschäfte und Restaurants verzeichnet, die sich weigern, Schutzgeld an die Camorra zu bezahlen.

Österreichisches Honorarkonsulat, Via Ricciardi 10, 80142 Napoli, Tel. 08 15 53 43 72, www.bmeia.gv.at

Botschaft der Schweiz, Via Barnaba Oriani 61, 00197 Roma, Tel. 06 80 95 71, www.eda.admin.ch

Besondere Verkehrsbestimmungen

Tempolimits (in km/h): Für Pkw, Motorräder und Wohnmobile bis 3,5 t gilt innerorts 50, außerorts 90, auf Schnellstraßen 110 (bei Regen 90) und auf Autobahnen 130 (bei Regen 110). Für Wohnmobile über 3,5 t gilt außerorts und auf Schnellstraßen 80, auf Autobahnen 100. Pkw mit Anhänger dürfen außerorts und auf Schnellstraßen max. 70, auf Autobahnen 80 km/h fahren.

Die **Promillegrenze** liegt bei 0,5. Absolutes Alkoholverbot (0,0 Promille) für Fahranfänger und Berufskraftfahrer.

Motorrad- und Mopedfahrer müssen immer mit **Abblendlicht** fahren, Autos auf allen Straßen außerhalb geschlossener Ortschaften. Es besteht Anschnallpflicht und für Lenker und Mitfahrer von Zweiradfahrzeugen Helmpflicht. Das Telefonieren während der Fahrt ist nur mit Freisprechanlage erlaubt. Das Nationalitätenkennzeichen bzw. EU-Kennzeichen am Fahrzeug sind Pflicht.

Jede Person, die bei einer Panne oder einem Unfall auf offener Straße den Wagen verlässt, muss eine reflektierende **Warnweste** tragen. Diese muss griffbereit im Auto mitgeführt werden. Jede Ladung, die nach hinten überragt (Surfbretter, Boote, Fahrradständer), muss mit einer 50 x 50 cm großen rot-weiß-roten reflektierenden Warntafel (ggf. mit Rückstrahlern) versehen sein. Keine Ladung darf über die Vorderkante des Fahrzeugs hinausragen.

Öffentliche Parkplätze sind durch weiße oder blaue Markierungen gekennzeichnet. Die ›blauen‹ Parkplätze sind gebührenpflichtig. Eine gelbe Markierung bedeutet Parkverbot.

Bei Unfällen mit Sachschäden ist es dringend erforderlich, Versicherung und Versicherungsnummer des Unfallgegners zu notieren. Bei Personenschaden muss die Polizei verständigt werden.

Strom

Auch in Italien beträgt die Netzspannung fast überall 230 Volt. Deutsche Stecker passen allerdings nicht in alle Steckdosen.

Service und Notruf

Notruf: Tel. 112 (EU-weit, auch mobil: Polizei, Unfallrettung, Feuerwehr)

ADAC Pannenhilfe Deutschland
Tel. 0180/222 22 22 (dt. Festnetz 6 ct/Anruf), Mobil: 22 22 22 (Kosten je nach Netzbetreiber/Provider)

ACI-Pannendienst (Soccorso Stradale): Tel. 80 31 16 (gebührenfrei für ital. Anschlüsse), 800 11 68 00 (gebührenfrei aus dem dt. Mobilfunknetz). Man beachte die gelben *Notrufsäulen* auf den Autobahnen (ca. alle 2 km).

ADAC Notruf aus dem Ausland
Tel. +49/89/22 22 22 (24 Std.)

ADAC Ambulanzdienst München
Tel. +49/89/76 76 76 (24 Std.)

ÖAMTC Schutzbrief-Nothilfe
Tel. +43/1/251 20 00 (24 Std.), www.oeamtc.at

Einsatzzentrale TCS-ETI-Schutzbrief
Tel. +41/58/827 22 20 (24 Std.), www.tcs.ch

Anreise

Auto

Die wichtigsten Routen aus Deutschland führen über Österreich (Brennerautobahn, Felbertauerntunnel, Plöckenpass nach Italien, dann über die Autobahn nach Rom und weiter nach Neapel (A 22 bis Modena, A1 bis Neapel). Die beste Anfahrtsroute aus der Schweiz (Splügenpass, St.-Gotthard-Tunnel, Simplonpass) geht über Mailand (A 9), Bologna (A 1), Rom nach Neapel (A 1). Auf der A 3 geht es weiter Richtung Salerno. Um die Amalfitana (SS 163) zu erreichen, wechselt man bei Castellammare auf die SS 366. Für die Amalfitana gilt das Fahrverbot für Wohnwagengespanne und Wohnmobile während der Sommersaison nicht mehr. Dafür setzt nun eine Ampelregelung zwischen Vietri sul Mare und Positano ein, längere Wartezeiten sind im Sommer zu erwarten.

Die Autobahnen in Österreich und der Schweiz sind **mautpflichtig**. Vignetten sind bei den ADAC Geschäftsstellen, an grenznahen Rastplätzen und Tankstellen erhältlich. Die Autobahngebühren in Italien richten sich nach zurückgelegter Strecke und Fahrzeugklasse. Bezahlt wird bei der Autobahnabfahrt in Euro, per Kreditkarte oder mit der Viacard (in Italien an Autobahnraststätten erhältlich). Wer bargeldlos bezahlt, wird an vielen Mautstellen auf eigenen Fahrspuren schneller abgefertigt.

Autobahn-Tankstellen sind durchgehend geöffnet, die übrigen Tankstellen meist Mo–Fr 7–12.30 und 15.30–19.30 Uhr. Auf Hauptstrecken gibt es SB-Tanksäulen für Geldscheine oder Kreditkarten.

Bahn

Es gibt keine Direktverbindungen, man muss in Bologna, Rom oder Mailand umsteigen. In nur 70 Minuten fährt der Hochgeschwindigkeitszug **Frecciarossa** von Roma Termini nach Napoli Centrale. Die **ICE-Züge** Rom–Neapel kommen meist in der Station Neapel-Mergellina an. Vom Hafen Mergellina fahren *aliscafi* (Tragflügelboote, s. S. 135) zu den Inseln, nach Sorrent und zur Amalfiküste.

Deutsche Bahn, Tel. 01806/99 66 33 (dt. Festnetz 20 ct/Anruf, dt. Mobilfunknetz max. 60 ct/Anruf), Tel. 0800/150 70 90 (gebührenfrei, automatische Fahrplanansage), www.bahn.de

Österreichische Bundesbahnen,
Tel. 05/17 17 (österreichweit), +43/5/17 17 (aus dem Ausland), www.oebb.at

Schweizerische Bundesbahnen,
Tel. 0900 30 03 00 (1,19 CHF/Min. aus dem Schweizer Festnetz), www.sbb.ch

Trenitalia, Tel. 06 68 47 54 75, Tel. 89 20 21 (in Italien), www.trenitalia.com, Fahrplanauskunft und Buchung auch über www.italienische-bahn.de

Bus

Günstig reist man per Fernbus von vielen Städten in Deutschland, Österreich und der Schweiz. Portale wie www.checkmybus.de und www.busliniensuche.de vergleichen alle Anbieter.

Flugzeug

Linienflüge nach Neapel werden von Frankfurt, München, Genf und Zürich aus angeboten. Von Wien aus geht es an den Golf mit Umsteigen in Mailand oder Rom. Während der Saison verbinden Charterflüge viele deutsche Städte mit Neapel.

Aeroporto Napoli-Capodichino, Neapel, Tel. 08 17 89 61 11, www.aeroportodinapoli.it. Etwa 7 km vom Stadtzentrum. Der Alibus (www.anm.it) pendelt ins Stadtzentrum zur Piazza Municipio und zur Piazza Garibaldi. Außerdem fahren Busse nach Caserta, nach Salerno (beide www.sitabus.it), nach Sorrent (www.curreriviaggi.it) und nach Paestum (www.cosat.it).

Bank, Post, Telefon

Bank

Banken sind in der Regel Mo–Fr 8.30–13.30 Uhr geöffnet, manche eine zusätzliche Stunde am Nachmittag.

Post

Die Öffnungszeiten der Postämter sind in der Regel Mo–Fr 8.30–14, Sa 8.30–13 Uhr. Briefmarken *(Francobolli)* gibt es auch in Tabakläden *(Tabacchi)*.

Telefon

Internationale Vorwahlen

Italien 00 39
Deutschland 00 49
Österreich 00 43
Schweiz 00 41

In Italien ist die Ortsnetzkennzahl fester Bestandteil der Telefonnummern und muss **immer** (inkl. der 0) mitgewählt werden. Bei Handy-Nummern fällt die 0 weg.

Bei Mobiltelefonen schaltet der Provider automatisch auf ein italienisches Netz um. Die Roaminggebühren in den Ländern der EU wurden im Juni 2017 abgeschafft.

Öffentliche Telefonzellen funktionieren mit Telefonkarten (*Scheda telefonica*). Man erhält sie in Tabakläden, Bars, Bahnhöfen, an Zeitungskiosken etc.

Einkaufen

Öffnungszeiten: Mo–Sa 8.30 (9)–12.30 (13) Uhr und von 15.30 (16)–19.30 (20) Uhr. Geschäfte in Urlaubsorten können durchgehend, oft auch bis spätabends, geöffnet sein. Manche Läden haben Montag vormittags geschlossen.

Souvenirs

Das Angebot an typischen Mitbringseln ist am Golf von Neapel ungemein vielfältig. Von einfachen Souvenirs bis zu reizvollen kunsthandwerklichen Erzeugnissen ist alles zu haben.

In **Neapel** kauft man Mode vor allem im Chiaia-Viertel, in den Gallerie und in der Fußgängerzone des Vomero. Antiquitäten werden vorwiegend in der Altstadt, um die Via San Biagio dei Librai, angeboten, Goldschmiedearbeiten an der Piazza Orefici, Krippenfiguren findet man in der Via San Gregorio Armeno.

Auf **Procida** kauft man an der Marina Grande feine Stickereien und den berühmten Zitronenlikör Limoncello. **Ischia** ist für Keramikwaren, elegante Boutiquenmode, Bast- und Stroharbeiten und Wein berühmt. Auf **Capri** finden Leinenkleider von Yves Dupuis, die herrlichen Parfums ›Caprissimo‹ und ›Fiori di Capri‹, handgemachte Schuhe und der köstliche Limoncello viele Freunde. Bekannt für seinen Korallenschmuck und seine Kameen ist **Torre del Greco**. **Positano** besitzt eine Fülle von Boutiquen, die exklusive Mode aus interessanten Stoffen und die berühmten Positaner Sandalen anbieten. Edles handgeschöpftes Papier ist ein beliebtes Mitbringsel aus **Amalfi**. In **Vietri** wird Keramik aller Art und für jeden Geschmack verkauft.

Schätze der Amalfiküste – nur hier gedeiht die Zitronensorte Sfusato amalfitano

Essen und Trinken

Restaurants sind in der Regel 12–15 und 19–23 Uhr geöffnet. Die Preise auf der Speisekarte enthalten meist den Servicezuschlag von 10–15 %, hinzu kommt ein Betrag für *Pane e Coperto* (Brot und Gedeck). Darüber hinaus ist ein Trinkgeld von 10 % des Rechnungsbetrages üblich.

Das Rauchen ist in allen Bars, Restaurants, Clubs und öffentlichen Gebäuden verboten, in Neapel auch im Freien, wenn Kinder oder Schwangere in der Nähe sind.

Vom ausgiebigen **Frühstück** (Prima colazione) hält man im südlichen Italien wenig. Caffè (Espresso), Cappuccino oder Caffelatte werden meist im Stehen in einer Bar getrunken. Dazu isst man vielleicht ein Pasticcino (Gebäck). Hotels offerieren meist Frühstücksbüffets.

Das **Mittagessen** (Pranzo) wird ab 12.30 Uhr serviert und ist eine leichtere Mahlzeit, die jedoch auch in einfacheren Restaurants, außer beim Pizzaiolo (Pizzabäcker), aus Vorspeise, Hauptgang und Dessert besteht.

Die wichtigste Mahlzeit des Tages ist das **Abendessen** (Cena). Es besteht aus mehreren Gängen: Vorspeise (Antipasto), Suppe oder Nudelgericht (Primo piatto), Hauptgang mit Fisch oder Fleisch (Secondo piatto) und Dessert (Obst, Süßspeisen oder Käse).

Bei den **Antipasti** locken Insalata di mare (Meeresfrüchtesalat), Peperoni all'olio e acciughe freddi (marinierte Peperoni mit Sardellen), Carciofini sott'olio (Artischockenherzen in Öl), Bresaola con cuore di Palma (gepökeltes Rindfleisch mit Palmenherzen), Impepata di cozze (gewürzte Miesmuscheln), Cavolo all'aceto (in Essig eingelegtes Kraut), Mozzarella in carrozza (mit Brot ausgebackene Mozzarellascheiben), Funghi sott'olio (Pilze in Öl), Insalata di scampi (Salat mit Scampi) und Scamorza arrostita su foglie di limone (geräucherter Mozzarella auf Zitronenblättern).

Pizza, Pizza

Das Rezept für den perfekt gebackenen, runden Hefeteigfladen, die **Pizza Napoletana** mit dem einfachen Tomaten- und Olivenöl-Belag, reiste mit den **Süditalienern**, die zwischen 1880 und 1925 ihre Heimat verließen, nach New York. Rund um die Mulberry Street ließen sich die Auswanderer aus Neapel und dem ländlichen Kampanien nieder und gründeten ein Dorf in der Millionenstadt: **Little Italy**.

Die **Pizza** machte auch in Amerika Karriere: Landesweit wurden nach dem Ende des Zweiten Weltkriegs über 20 000 Pizzerien gegründet. Gegen die extravaganten Schöpfungen der Take Away- und Tiefkühlketten, die den Teigfladen als Unterlage für alles und jedes benützen, nehmen sich die beiden traditionellen neapolitanischen Pizzavarianten höchst bescheiden aus: die **Pizza Margherita**, einst für Königin Margherita von Savoyen in den Landesfarben Tomatenrot, Mozzarellaweiß und Basilikumgrün kreiert, und die **Pizza Marinara** mit Tomaten, Olivenöl, Knoblauch und Oregano. Die Neapolitaner mögen sich trösten: Nicht alle Neuerungen sind auch Verbesserungen. Die kleinen süditalienischen Tomaten mit der satten Farbe und dem pikanten Aroma, die frischen Kräuter und die Mozzarella di Bufala aus Kampanien bleiben unübertroffen.

Die klassische Pizza Margherita aus Neapel – Tomaten, Mozzarella und Basilikum

Der **Primo piatto** besteht meist aus Pasta. Maccheroni, Spaghetti, Vermicelli, Zite, Perciatelli, Fusilli, Linguine, Tagliatelle und Cannelloni kommen mit verschiedensten Soßen auf den Tisch.

Beim **Secondo piatto** spielt das Fleisch in der traditionellen Küche eher eine geringe Rolle. Als typische Gerichte werden Bistecca alla pizzaiola (Steak mit Tomaten, Knoblauch und Oregano), Costoletta di maiale alla pizzaiola (Schweinskotelett mit Tomaten, Knoblauch und Kräutern), Trippa alla napoletana (Kutteln) oder Maiale con capperi (Schweinefilet mit Kapern) angeboten. Eine Spezialität ist Coniglio alla ischitana (Kaninchen nach Art von Ischia), das mit Tomaten, Knoblauch und Wein zubereitet wird.

Besondere Köstlichkeiten sind **Meeresfrüchte** und **Fisch**. Allen voran Vongole (Venusmuscheln), Gamberetti (Krabben) und Gamberoni (Riesengarnelen), Aragoste (Langusten) und Scampi in vielen verschiedenen Zubereitungsarten. Der Vermerk cong. auf der Speisekarte bedeutet tiefgefroren.

Spezialitäten der kampanischen Fischküche sind Polpetti in cassuola (Tintenfische nicht in Wasser, sondern mit Tomaten gekocht), Coda di rospo con porri e porcini (Seeteufel mit Lauch und Pilzen), Pesce spada alla menta (Schwertfisch mit Minze), Filetti di triglie con salsa di basilico (Meerbarbenfilets mit Basilikumsauce) und Sardine alle scapece (Sardinen, mariniert und gebraten).

Desserts der Region sind: Babà (in Rumsirup getränkter Kuchen), Torta caprese (Mandeltorte aus Capri), Struffoli (Teigbällchen, gebacken, mit Honig überzogen und mit Orangenschale aromatisiert), Tortina a limone (Sorrentiner Zitronentörtchen) und Zizze delle monache (süßes Kleingebäck mit Zitronencreme).

Aus den Anbaugebieten Kampaniens kommen ausgezeichnete **Weine**: Bioncolella aus Ischia (weiß), Greco di Tufo (weiß), Fiano di Avellino (weiß), Solopaca Rosso (rot), Falerno (rot) und Taurasi (rot). Den Lacryma Christi del Vesuvio, dem die Lavahänge eine deutlich mineralische Note verleihen, gibt es in rot und weiß.

Feiertage

1. Januar (Capodanno, Neujahr), 6. Januar (Epifania, Heilige Drei Könige), Ostersonntag (Pasqua) und Ostermontag (Pasquetta), 25. April (Liberazione, Fest der Befreiung von Faschismus und deutscher Besatzung 1945), 1. Mai (Festa del Lavoro, Tag der Arbeit), 2. Juni (Festa della Repubblica, Nationalfeiertag), 15. August (Ferragosto, Mariä Himmelfahrt), 1. November (Ognissanti, Allerheiligen), 8. Dezember (Immacolata Concezione, Mariä Empfängnis), 25./26. Dezember (Natale, Weihnachten).

Festivals und Events

Fast überall gibt es die Festtage der lokalen Schutzheiligen, in Neapel der 19. September (Geburtstag von San Gennaro). Jedes Jahr findet außerdem eine Fülle von termingebundenen Festen und Veranstaltungen statt. Im Folgenden eine Auswahl der wichtigsten Ereignisse.

Januar

Neapel, Amalfi, Maiori: Beginn des Carnevale mit farbenfrohen Umzügen.

Amalfi (6. Jan.): Stimmungsvolle Prozession der Hirtenknaben und Weisen aus dem Morgenland.

Barano d'Ischia (20. Jan.): Patronatsfest zu Ehren von San Sebastiano.

März

Ischia Ponte (5. März): Kirchenfest für den Schutzpatron San Giovan Giuseppe della Croce.

März/April

Kampanien (Karfreitag, Venerdi Santo): malerische Karfreitagsprozessionen in vielen Orten, die aufsehenerregendste – mit Mysterien-Aufführungen – findet auf *Procida* (Ausgangspunkt: Cattedrale) statt.

Forio (Ostersonntag): Historischer Engelslauf *Corsa dell'Angelo*. Feierliche Prozession mit den Heiligenfiguren aus der Visitapoveri-Kirche.

April–Oktober

Ravello: Klassik- und Jazzkonzerte, im Sommer im Rahmen des *Ravello Festival* auch unter freiem Himmel im Garten der Villa Rufolo (www.ravelloarts.org, www.ravellofestival.com).

Mai

Neapel: *Maggio dei Monumenti* – Im Mai ist in Neapel ›Monat des offenen Denkmals‹ – zahlreiche normalerweise nicht zugängliche Kirchen und Denkmäler sind dann zu besichtigen (www.comune.napoli.it).

Die Götter, der Nabel, die Pasta

So will es die Legende: **Vulcanus**, der Gebieter über das Feuer, geriet beim Anblick des Nabels der schlafenden **Venus** in solche Verzückung, dass er nach dem Vorbild des keck der Sonne zugewandten Körperteils der Liebesgöttin ein kostbares Geschmeide aus Gold und Juwelen schuf. Aus Unachtsamkeit – oder weil die Erwachende seiner ungeteilten Leidenschaft eiligst bedurfte? – legte Vulcanus das glitzernde Schmuckstück beiseite. Ein tumber Kochlehrling fand es, identifizierte es als höchst brauchbare Teigform, stach kleine Kreise damit aus und erzeugte so die ersten **Tortellini**.

Tatsächlich ranken sich um die **Pasta** unendlich viele Legenden. Der mit Leidenschaft ausgetragene Disput, ob die Rezepte zur Herstellung von Nudeln tatsächlich mit den ersten italienischen Fernreisenden nach China oder umgekehrt von dort nach Italien gelangten, wurde vor mehr als zwei Jahrzehnten von chinesischen Archäologen entschieden: Sie fanden im Oasengebiet von Turfan 1000-jährige Röllchen aus Weizenteig und zwei vertrocknete, raviolіähnliche Teigtaschen. Dies bedeutet, dass die ersten chinareisenden Italiener, der von Papst Pius IV. 1245 in die Mongolei entsandte Franziskanermönch **Giovanni Pian de Carpini** und **Marco Polo**, der erst 26 Jahre später aufbrach, zu spät kamen, um Chinas Kochkunst bereichern zu können.

Wer nach Kampanien fährt, tut jedoch gut daran, nicht mit seiner Kenntnis der historischen Herkunft der Pasta zu prahlen. Man lasse es dabei: In Neapel wurden die adrett und vielfältig geformten Teigwaren erfunden.

Neapel (1. Wochenende): Erstes Blutwunder des San Gennaro im Dom.

Castellammare di Stabia (letzter So im Mai): *Sagra della Patata*, Kirchweihfest zu Ehren der Kartoffel.

Capri (14. Mai): Patronatsfest zu Ehren des Schutzpatrons Constantius mit farbenprächtiger Prozession. Volksfest und Feuerwerk.

Lacco Ameno (17. Mai): Volksfest und Prozession zu Ehren der Schutzpatronin Restituta, anschließend Bootsprozession.

Juni

Amalfi (1. So): Historische Ruderregatta der vier Seerepubliken Amalfi, Pisa, Genua und Venedig (Rotationsprinzip; 2017 in Pisa).

Anacapri (13. Juni): Viel Folklore im Umfeld der Prozession zu Ehren des hl. Antonius von Padua.

Amalfi (27. Juni): Stimmungsvolle Prozession mit Fest und Feuerwerk zu Ehren des Ortsheiligen Sant' Andrea.

Juni–August

Forio (Ischia): Festival der Jugendorchester in den Mortella-Gärten der Walton-Stiftung (www.lamortella.org).

Neapel (Juni): *Napoli Teatro Festival Italia*: Ganz Neapel wird zur Bühne für Theater- und Tanz-Inszenierungen aus Italien und der ganzen Welt (www.napoliteatrofestival.it).

Posen aus alter Zeit vor dem Dom von Amalfi – Umzug in historischen Kostümen

Für die Form der Tortellini stand der Legende nach die Liebesgöttin Venus Modell

Juli

Sorrent (1. So): *Festa di Sant'Anna* mit eindrucksvoller Bootsprozession.

Neapel (15./16. Juli): Fest der Madonna del Carmine, bei dem Lichteffekte einen Brand des Kirchturms vortäuschen.

Ischia Ponte (26. Juli): Volksfest zu Ehren der hl. Anna in der Cartaromana-Bucht mit Illumination der Gebäude, Feuerwerk und auf den Wassern schwimmenden Lichtern.

Juli–September

Neapel: *Estate a Napoli* mit Konzerten und kulturellen Veranstaltungen, zum Teil auch in historischen Gemäuern (Info bei AACST, Tel. 08 15 51 27 01).

August

Procida: *Sagra del Mare* mit Bootswettkämpfen und Wahl der Inselkönigin.

Positano (15. Aug.): Nachgestellte Sarazenenschlacht mit großem Feuerwerk.

September

Ischia (1. So): Bootsprozession von Ischia Ponte nach Ischia Porto.

Forio (8. Sept.): Wallfahrt zur kleinen Kirche am Monte Epomeo.

Neapel (19. Sept.): Zweites Blutwunder des San Gennaro im Dom.

Procida (29. Sept.): Fest zu Ehren des Schutzpatrons San Michele Arcangelo.

Frisch restaurierter Glanz des Klassizismus – Opernhaus Teatro di San Carlo in Neapel

September/Oktober

Neapel: *Napoli Film Festival* Internationales Festival mit zahlreichen aktuellen Kinoproduktionen (www.napolifilmfestival.com).

Neapel: *Autunno Musicale* im ›Musikherbst‹ gibt das Scarlatti-Orchester Konzerte in diversen Kirchen und Museen.

November

Amalfi (30. Nov.): Eine riesige Büste des Sant'Andrea wird im Laufschritt durch die Stadt getragen.

Dezember

Torre del Greco (8. Dez.): Große Madonnenprozession mit Feuerwerk.

Neapel: Malerischer Weihnachtsmarkt im Viertel um die Straße der Krippenhändler, die Via San Gregorio Armeno.

Amalfi (24. Dez.): Krippenausstellung und Unterwasserprozession der Tauchsportler zur im Wasser versunkenen Krippe in der Grotta dello Smeraldo.

Klima und Reisezeit

Frühling und **Herbst** sind die beste Reisezeit für Italiens Süden. Von März bis Mitte Juni und von September bis Anfang November findet man in Neapel und Umgebung die besten klimatischen Bedingungen vor. Spätherbst und Winter sind regenreich. Viele Hotels in *Sorrent* und *Positano* sind während der Wintermonate geschlossen.

Auf den **Inseln** beginnt die Saison im April und endet im Oktober. Im Vergleich zu Neapel sind die Inseltemperaturen im Sommer etwas niedriger, im Winter etwas höher.

Klimadaten Neapel

Monat	Luft (°C) min./max.	Wasser (°C)	Sonnen- std./Tag	Regen- tage
Januar	5/13	13	4	10
Februar	6/13	13	5	9
März	7/15	14	6	8
April	10/18	15	7	7
Mai	13/23	17	8	6
Juni	16/27	21	9	4
Juli	19/29	24	10	2
August	19/30	25	10	3
September	17/28	24	8	6
Oktober	14/24	21	6	9
November	8/18	18	5	11
Dezember	7/16	15	4	12

Museen und Kirchen

Museen

Die **Öffnungszeiten** der Museen sind u.a. von der Saison abhängig und können alle paar Monate geändert werden. Montags und an Feiertagen sind viele Sammlungen geschlossen. Detaillierte Angaben finden sich im Haupttext, davon abweichende Öffnungszeiten sind oft auf nicht vorhersehbare Notwendigkeiten zurückzuführen.

Parks und **Archäologische Stätten** sind in der Regel von 9 Uhr bis 1 Std. vor Sonnenuntergang geöffnet. Um Enttäuschungen zu vermeiden, muss man wissen, dass die meisten Kunstwerke der freigelegten antiken Städte in das *Museo Archeologico Nazionale* in Neapel und in das *Museo Archeologico dei Campi Flegrei* in Baia gebracht wurden.

Die 3 bzw. 7 Tage gültige **Campania Artecard** (Tel. 800 60 06 01, gebührenfrei aus dem ital. Festnetz, oder Tel. 06 39 96 76 50, www.campaniaartecard.it), übers Internet beziehbar oder vor Ort in Tourismusbüros, Hotels etc., beinhaltet vergünstigte Eintritte zu Museen und archäologischen Stätten der gesamten Region, das 3-Tages-Ticket zudem die freie Nutzung der öffentlichen Verkehrsmittel.

Für alle EU-Bürger unter 18 Jahren ist der Besuch der Staatlichen Museen, der Ausgrabungsstätten wie Herculaneum und Pompeji und des Palazzo Reale in Caserta kostenlos. Ein Ausweis muss allerdings vorgelegt werden.

Kirchen

Besichtigungen während der Gottesdienste sind nicht gestattet. In den Mittagsstunden sind die Kirchen in der Regel geschlossen. Kleine Kirchen in abgelegenen Orten sind meist zugesperrt. In den Häusern der Nachbarschaft findet sich jedoch zumeist jemand, der weiß, wo der Schlüssel aufbewahrt wird.

Nachtleben

Ein großes Angebot an Lokalen sorgt für nächtliches Amüsement nach jedermanns Geschmack. ›Movida‹ nennen die Neapolitaner den nächtlichen Zug durch die Lokale, meist am Vomero oder im Chiaia-Viertel. Beliebt sind Lokale mit Livemusik, wobei die *Canzoni napoletane* einen besonderen Stellenwert besitzen.

Neapel

La Mela, Via dei Mille 40, Tel. 081 41 02 70, www.lamelaclub.it. Schicke Disco für schicke Leute.

Marabù Club, Via Toma 5c, Tel. 08 13 44 94 90, www.marabuclub.it. Livemusik, lateinamerikanische Tanzparties, Bar und Restaurant am Vomero.

Jazz Club Bourbon Street, Via Vincenzo Bellini 52, Tel. 033 88 25 37 56, www.bourbonstreetjazzclub.com.

Pozzuoli

duel:beat, Via Antiniana 2a, Pozzuoli, Mobil-Tel. 39 24 67 67 63. Tanztempel in den Räumlichkeiten eines ehemaligen Multiplex-Kinos.

Ischia Porto

Giardino degli Aranci, Via Enea 4, Tel. 081 99 11 50, www.giardino

Auch abends der erste Anlaufpunkt in Capri – die Piazza Umberto I mit ihren Cafés

Und auch an der Amalfitana gibt es hübsche Strände, hier Impressionen aus Minori

degliaranci.it. Gartenrestaurant mit Canzoni napoletane.

Valentino, Corso Vittoria Colonna 97, Tel. 081 98 25 69. Aufwendig in mediterranem Stil gestaltete Diskothek und Pianobar.

Forio

Lucignolo la Brasserie, Via Monsignor Filippo Schioppa 27, Mobil 36 63 83 85 04. Im historischen Zentrum, am Wochenende oft Live-Musik.

Sorrent

Filou Club, Via Santa Maria della Pietà 12, in der Nähe der Piazza Tasso, Tel. 08 18 78 20 83, www.filouclubsorrento.it. Disco mit Livemusik an jedem Abend (Mi geschl.).

Positano

Music On the Rocks, Via Grotte dell'incanto 51, Tel. 089 87 58 74, www.musicon therocks.it. Sehr schicker Dinner Disco Club direkt am Strand, aktuelle Musik.

Sport

Kommunale Einrichtungen und die Anlagen der großen Hotels, die abwechslungsreiche Küste und das verlockende Hinterland lassen eine Fülle von sportlichen Betätigungen zu.

Baden

In der näheren Umgebung *Neapels* sind die Strände an den Wochenenden überfüllt und wenig einladend.

Da die Region mit Ausnahme von *Ischia* und *Procida* über keine nennenswerten Sandstrände verfügt, weichen Badende an den buchtenreichen Steilküsten von *Sorrent*, *Capri* und an der *Amalfitana* auf die **Stabilimenti** oder **Bagni** (Badeanstalten) aus. Sie bieten selbst in den kleinen Felsbuchten Plattformen, von denen aus man bequem ins Wasser gelangt, darüber hinaus Liegen und Sonnenschirme, kleine Restaurants oder Snack-Bars.

Die schönsten **Badebuchten** gibt es auf Capri und entlang der Amalfiküste.

Capri

Bagni di Tiberio: Kleine Badeanstalt an der Nordküste mit Blick auf die Ruinen des römischen Palazzo a Mare.

Marina Piccola: Kleine Felsenbuchten und Kiesstrände auf beiden Seiten der Felsnase Scoglio delle Sirene. Gut ausgestattete *Bagni*, z.B. Da Luigi.

Spiaggia degli Faraglioni: Romantische Badeanstalten, mit Boot oder über Treppen erreichbar, ganz in der Nähe der Faraglioni.

Anacapri

Spiaggia Punta Carena: Weit abgelegener Strand beim Leuchtturm im äußersten Südwesten der Insel.

Sorrent

Marina San Francesco: Winzige Badeplätze am Felsenstrand, mit Hotellifts erreichbar.

Massa Lubrense

Marina della Lobra: Romantische Felsbuchten, oft über Stufen erreichbar, sauberes Wasser.

Positano

Marina Grande: Kleiner öffentlicher Strand direkt beim Hafen.

Fornillo: Kiesstrand zwischen zwei alten Wachtürmen (Fußweg vom Hafen).

Amalfi

Marina: Kleine Strandbucht neben der Hafenmole.

Die schönsten **Sandstrände** sind:

Procida

Spiaggia Ciraccio e Ciracciello, Lido di Procida am Westufer. Schmale Sandstrände, die nur im Juli/August viel besucht sind.

Ischia

Spiaggia degli Inglesi, westlich von Ischia Porto. Kleiner, sauberer, nicht allzu lauter Sandstrand.

Spiaggia dei Maronti, bei Barano. Gut 2 km langer, schmaler Sandstrand an einer weiten Bucht. Voll erschlossen mit Sonnenschirmen und Liegestühlen.

Spiaggia di Citara, südlich von Forio. Romantische, von Hügeln geschützte Badebucht mit malerischen Felsen im Wasser.

Spiaggia di San Francesco, nördlich von Forio. Weite, nach Westen ausgerichtete Bucht mit Sandstränden. Gut für Kinder geeignet.

Bootsausflüge

Für alle, die Fischfang gerne live erleben wollen: Von **Bacoli**, **Neapel**, **Pozzuoli**, **Procida** und **Salerno** kann man Tages- oder Mehrtagesausflüge an Bord von Fischerbooten unternehmen (www.coopsantonio.com).

Segeln

In allen Häfen der Region kann man Segelboote mieten. Auf **Capri** (Marina Piccola) und auf **Ischia** (Forio, Citara-Strand) gibt es Segelschulen.

Tauchen

Tauchschulen gibt es auf **Procida** in Corricella, auf **Ischia** in Barano und Forio, auf **Capri** in Marina Grande und an der Punta Carena.

Windsurfen

Die besten Bedingungen für Surfer herrschen in Barano auf **Ischia** an der Spiaggia dei Maronti.

Statistik

Die Region **Kampanien** (Campania) mit einer Fläche von 13 595 km^2 erstreckt sich von der Kette des Neapolitanischen Apennin bis zur reich gegliederten Küste mit den Golfen von Gaeta, Neapel, Salerno und Policastro. Rund 6 Mio. Menschen leben hier, etwa 4 Mio. an der Golfküste, davon ca. 3 Mio. im Großraum Neapel.

Neapel, die Metropole am Nordrand des gleichnamigen Golfes, ist 117,3 km^2 groß. Sie liegt auf 40° 50′ nördlicher Breite und 140° 30′ östlicher Länge. Nach offiziellen Angaben leben knapp 1 Mio., wahrscheinlich aber mindestens 1,8 Mio. Menschen auf dem eng bebauten Raum zwischen Hügelketten und Meer. Neapel ist die drittgrößte Stadt Italiens nach Rom und Mailand. Ihre durchschnittliche Bevölkerungsdichte liegt mit 10 000 Einw./km^2 weit höher als die der beiden größeren italienischen Städte. Manche Bezirke Neapels sind sogar noch deutlich dichter besiedelt.

Die Erdgeschichte der **Golfregion**, die zur Provinz Neapel gehört, wird vom **Vesuv** bestimmt; die Periode seismischer Bewegungen ist bis heute nicht abgeschlossen. Zahlreiche Vulkane waren für Entstehung und Gestaltung der Campi Flegrei, der Isole Flegrei, Ischias und Procidas verantwortlich. **Procida** ist mit einer Fläche von 3,75 km^2 und ca. 11 000 Einwohnern verhältnismäßig klein. Das grüne **Ischia** ist mit 46,5 km^2 die größte Insel im Golf. Die Zahl der Touristen übersteigt in der Saison die der Einheimischen (62 000) um ein Vielfaches.

Auch der südliche Abschnitt der Golfküste steht ganz im Banne des Vesuv und der durch ihn ausgelösten Naturkatastrophen. Der letzte Ausbruch erfolgte 1944. Die vorwiegend aus Kalkgestein bestehende **Halbinsel von Sorrent** ist erdgeschichtlich eng mit der 10,4 km^2 großen, stark verkarsteten Insel **Capri** (rund 15 000 Einw.) verbunden.

Unterkunft

Agriturismo

Auskünfte zu Ferien auf Landsitzen und Bauernhöfen erteilt:

Turismo Verde,Via Mariano Fortuny 20, 00196 Rom,Tel. 06 32 35 9 65, www.turismoverde.it

Camping

Am Golf von Neapel gibt es einige empfehlenswerte Campingplätze, z.B. bei Pozzuoli, Pompeji und Sorrent. Ein wahres Campingzentrum ist die Gegend um Salerno. Beschreibungen geprüfter Campingplätze bietet der jährlich aktualisierte **ADAC Campingführer** sowie der **ADAC Stellplatzführer** (www.campingfuehrer.adac.de). Die Inhalte gibt es auch als App für iPhone, iPad und Android in den Appstores von Apple und Google.

Ferienhäuser und Ferienwohnungen

Ferienhäuser und Ferienwohnungen werden in der Hauptsaison meist nur wochenweise vermietet. Bettwäsche ist nicht immer inklusive, kann aber oft vor Ort ausgeliehen werden. Größere Ferienanlagen organisieren auch Sport- und Unterhaltungsprogramme.

Hotels

Hotels werden mit * (sehr bescheiden) bis ***** (Luxus) kategorisiert. Die Mehrzahl der Hotels an der Küste der Campi Flegrei und auf Procida ist einfach, auf Ischia gibt es neben sehr exklusiven Häusern vorwiegend gute Mittelklassehotels, in Sorrent und auf Capri strahlen opulente Hotelpaläste den bezaubernden Charme der Belle Époque aus. An der amalfitanischen Küste wurden wunderschöne Quartiere in ganz unglaublichen Lagen gebaut.

Buchungen für die Hochsaison müssen lange im Voraus getätigt werden. Bei Reservierungen wird meist eine Vorauszahlung per Kreditkarte erwartet. Bei Buchungen über Reisebüros empfiehlt sich das genaue Lesen der Beschreibung. Die Floskel ›direkt am Meer‹ kann in diesem Gebiet auch bedeuten, dass das Hotel der Wahl hoch über dem Meer liegt und keinen Strand besitzt.

Jugendherbergen

Es gibt mehrere Jugendherbergen in der Region, z.B. in Pompei, auf Ischia, in Salerno und in Neapel:

La Controra Hostel, Piazetta Trinitá alla Cesarea 231, 80135 Neapel, Tel. 08 15 49 40 14, www.lacontrora.com

Associazione Italiana Alberghi per la Gioventù (AIG), Via Nicotera 1 (Eingang Via Settembrini 4), 00194 Roma, Tel. 064 87 11 52, www.aighostels.it

Verkehrsmittel im Land

Bahn

FS Trenitalia, Tel. 199 89 20 21 (0,55 EUR/Min. aus dem ital. Festnetz), www.trenitalia.com

Neapel besitzt drei Bahnhöfe: die *Stazione Centrale* an der Piazza Garibaldi, *Mergellina* im Hafenbereich und *Campi Flegrei* in Fuorigrotta.

Günstig fährt man mit der 3-Tageskarte **3T**. Das Tourist Travel Ticket (www.unicocampania.it) erlaubt die Fahrt mit Bussen und Bahnen in ganz Kampanien. Auch die **Campania Artecard** [s. S. 131] für 3 Tage verschafft freie Fahrt in Neapel und der gesamten Region.

Die **Circumvesuviana** (Tel. 08 17 72 21 11, www.eavsrl.it), Abfahrt vom Corso Garibaldi nahe der Stazione Centrale, bedient die Strecke Neapel, Herculaneum, Pompeji, Castellammare, Sorrent. Weitere Strecken: Neapel, Torre Annunziata, Poggiomarino, Sarno. Neapel, Ottaviano, Sarno. Neapel, Nola, Baiano.

Die **Ferrovia Cumana** (Tel. 08 17 72 20 78, in Italien gebührenfrei, www.eavsrl.it) ab der Stazione Cumana (Piazza Montesanto) fährt regelmäßig nach Agnano, Bagnoli, Pozzuoli, Baia und Torregaveta.

Mit der **Circumflegrea** (Tel. 08 17 72 21 11, www.eavsrl.it) gelangt man von der Piazza Montesanto nach Piave, Traiano, Licola, Cuma und Lido Fusaro.

Der schnelle Weg für Tagesbesucher: Aliscafo in der Marina Grande von Capri

Bahnverbindungen bestehen auch nach Caserta, Benevento und Salerno.

Bus

Ein dichtes Netz von Buslinien verbindet **Neapel** ab der Piazza Garibaldi mit allen wichtigen Orten Kampaniens. **SITA**-Busse fahren von Neapel an die Sorrentiner- und Amalfiküste, **CTP**-Busse nach Caserta, **EAV**-Busse zu den Phlegräischen Feldern.

Auf **Ischia** sind alle größeren Orte durch Buslinien verbunden. Der Busbahnhof befindet sich in Ischia Porto an der Piazza Trieste.

Auf **Capri** verkehren Busse ab Busbahnhof Piazza Martiri d'Ungheria nach Anacapri, Marina Piccola, Punta Carena und zur Grotta Azzurra.

Mietwagen

In den Städten und größeren Orten der Region gibt es Mietwagen-Agenturen. Für Mitglieder bietet die **ADAC Autovermietung** günstige Konditionen an. Buchungen über www.adac.de/autovermietung, die ADAC Geschäftsstellen oder unter Tel. 089/76762099.

Schiff

Für den Schiffsverkehr zu den Destinationen im Golf sind die drei Anlegestellen im Porto di Napoli wichtig: Der neue Seebahnhof **Calata Porta di Massa**, **Molo Beverello** und **Molo Angioino**. Kleinere Anlegestellen befinden sich in Mergellina (Jachthafen) und Pozzuoli. Es verkehren *traghetti* (Fähren, Autofähren) und *aliscafi* (Tragflügelboote, Katamarane und Jet-Boote). Tickets kann man am besten online buchen, oder an den Schaltern der Anlegestellen bei den jeweiligen Gesellschaften kaufen.

Vom Flughafen Capodichino fährt der Alibus direkt zum Hafen. Von der Stazione Centrale (Hauptbahnhof) fährt man am besten mit dem Taxi zum Hafen. Autofahrer biegen von der Autobahn bei der Ausfahrt Via Marina ab und folgen der Straße bis zum Hafen. Direkt beim Molo Beverello gibt es einen Parkplatz allerdings nur mit einem beschränkten Angebot an Stellplätzen.

Die wichtigsten Schiffsgesellschaften:

Alilauro, Tel. 08 14 97 22 22, www.alilauro.it. Aliscafi fahren vom Molo Beverello und dem nahen kleineren Hafen Mergellina zu Inseln im Golf und nach Sorrent, Positano, Amalfi und Salerno.

Caremar, Tel. 081 18 96 66 90, www.caremar.it, bedient mit traghetti und aliscafi vom Molo Beverello aus die Routen nach Procida, Ischia, Capri und Sorrent. Autofähren von Caremar legen am Ferry Terminal Porta Calata di Massa ab. Weitere Verbindungen bestehen von Pozzuoli aus nach Ischia und Capri.

NLG, Navigazione Libera del Golfo, Tel. 08 15 52 07 63, www.navlib.it, startet mit aliscafi vom Molo Beverello nach Capri, zu Destinationen rund um den Golf und an die Amalfiküste.

Snav, Tel. 08 14 28 55 55, www.snav.it, bedient mit Fähren und Tragflügelbooten Ischia, Capri und Procida.

Sprachführer

Italienisch für die Reise

Das Wichtigste in Kürze

Ja/Nein	*Si/No*
Bitte/Danke	*Per favore/Grazie*
In Ordnung./ Einverstanden.	*Va bene./ D'accordo.*
Entschuldigung!	*Scusi!*
Wie bitte?	*Come dice?*
Ich verstehe Sie nicht.	*Non La capisco.*
Ich spreche nur wenig Italienisch.	*Parlo solo un po' d'italiano.*
Können Sie mir bitte helfen?	*Mi può aiutare, per favore?*
Das gefällt mir (nicht).	*(Non) Mi piace.*
Ich möchte …	*Vorrei …*
Haben Sie …?	*Ha …?*
Wie viel kostet …?/	*Quanto costa …?*
Kann ich mit Kreditkarte bezahlen?	*Posso pagare con la carta di credito?*
Wie viel Uhr ist es?	*Che ore sono?/ Che ora è?*
Guten Morgen!/ Guten Tag!	*Buon giorno!*
Guten Abend!	*Buona sera!*
Gute Nacht!	*Buona notte!*
Hallo!/Grüß dich!	*Ciao!*
Wie ist Ihr Name, bitte?	*Come si chiama, per favore?*
Ich heiße…	*Mi chiamo…*
Ich bin Deutsche(r)	*Sono tedesco(-a)*
Ich komme aus Deutschland.	*Sono della Germania.*
Wie geht es Ihnen?	*Come sta?*
Auf Wiedersehen!	*Arrivederci!*
Tschüs!	*Ciao!*
Bis bald!	*A presto!*
Bis morgen!	*A domani!*
gestern/heute/ morgen	*ieri/oggi/ domani*
am Vormittag/ am Nachmittag	*la mattina/ al pomeriggio*
am Abend/in der Nacht	*la sera/la notte*
um 1 Uhr/um 2 Uhr…	*all'una/alle due…*
um Viertel vor (nach)…	*alle ... meno un quarto (e un quarto)*
um…Uhr 30	*alle…e trenta*
Minute(n)/Stunde(n)	*minuto(-i)/ora (-e)*
Tag(e)/Woche(n)	*giorno(-i)/settimana(-e)*
Monat(e)/Jahr(e)	*mese(-i)/anno(-i)*

Zahlen

0	*zero*	19	*diciannove*
1	*uno*	20	*venti*
2	*due*	21	*ventuno*
3	*tre*	22	*ventidue*
4	*quattro*	30	*trenta*
5	*cinque*	40	*quaranta*
6	*sei*	50	*cinquanta*
7	*sette*	60	*sessanta*
8	*otto*	70	*settanta*
9	*nove*	80	*ottanta*
10	*dieci*	90	*novanta*
11	*undici*	100	*cento*
12	*dodici*	200	*duecento*
13	*tredici*	1000	*mille*
14	*quattordici*	2000	*duemila*
15	*quindici*	10 000	*diecimila*
16	*sedici*	1 000 000	*un millione*
17	*diciassette*	1/2	*mezzo*
18	*diciotto*	1/4	*un quarto*

Wochentage

Montag	*lunedì*
Dienstag	*martedì*
Mittwoch	*mercoledì*
Donnerstag	*giovedì*
Freitag	*venerdì*
Samstag	*sabato*
Sonntag	*domenica*

Monate

Januar	*gennaio*
Februar	*febbraio*
März	*marzo*
April	*aprile*
Mai	*maggio*
Juni	*giugno*
Juli	*luglio*
August	*agosto*
September	*settembre*
Oktober	*ottobre*
November	*novembre*
Dezember	*dicembre*

Maße

Kilometer	*chilometro(-i)*
Meter	*metro(-i)*
Zentimeter	*centimetro(-i)*
Kilogramm	*chilo(-i)*
Pfund	*mezzo chilo*
100 Gramm	*etto(-i)*
Liter	*litro(-i)*

Unterwegs

Nord/Süd/West/Ost	*nord/sud/ovest/est*
oben/unten	*sopra/sotto*
geöffnet/geschlossen	*aperto/chiuso*
geradeaus/links/ rechts/zurück	*diritto/sinistra/ destra/indietro*
nah/weit	*vicino/lontano*
Wie weit ist...?	*A che distanza si trova...?*
Wo sind die Toiletten?	*Dove sono le toilette?*
Wo ist die (der) nächste...	*Dove si trova nelle vicinanze...*
Telefonzelle/	*una cabina telefonica/*
Bank/	*una banca/*
Geldautomat/	*un bancomat/*
Post/	*la posta/*
Polizei?	*la polizia?*
Bitte, wo ist...	*Scusi, dov'è...*
der Hauptbahnhof/	*la stazione centrale/*
der Busbahnhof/	*la stazione autolinee/*
der Flughafen?	*l'aeroporto?*
Wo finde ich ...	*Dove si trova...*
eine Bäckerei/	*un panificio/*
ein Kaufhaus/	*un grande magazzino/*
ein Lebensmittel-geschäft/	*un negozio di alimentari/*
den Markt?	*il mercato?*
Ist das der Weg/ die Straße nach ...?	*È questa la strada per ....?*
Ich möchte mit ...	*Vorrei andare ...*
dem Zug/	*col treno/*
dem Schiff/	*colla nave/*
der Fähre/	*col traghetto/*
dem Flugzeug	*col aereo*
nach...reisen.	*a...*
Gilt dieser Preis für Hin- und Rückfahrt?	*È la tariffa di andata e ritorno?*
Wie lange gilt das Ticket?	*Fino a quando è valido il biglietto?*
Wo ist das Tourismusbüro/ ein Reisebüro?	*Dov'è l'Ufficio per il turismo/ un'agenzia viaggi?*
Ich suche ein Hotel.	*Cerco un albergo.*
Wo kann ich mein Gepäck lassen?	*Dove posso depositare i miei bagagli?*

Freizeit

Ich möchte ein...	*Vorrei noleggiare...*
Fahrrad/	*una bicicletta/*
Mountainbike/	*un mountain bike*
Motorrad/	*un moto/*
Surfbrett/	*una tavola da surf/*
Boot mieten.	*una barca.*
Gibt es in der Nähe...	*Dove si trova nelle vicinanze...*
einen Strand/	*una spiaggia/*
einen Freizeitpark/	*un parco di divertimento/*
ein Freibad/	*una piscina pubblica/*
einen Golfplatz/	*un campo di golf/*
einen Reitstall?	*una scuola di equitazuione?*
Wann hat ... geöffnet?	*Quando è aperto (aperta)...?*

Bank, Post, Telefon

Brauchen Sie meinen Ausweis?	*Vuole vedere i miei documenti?*
Wo soll ich unterschreiben?	*Dove debbo firmare?*
Wie lautet die Vorwahl für ...?	*Qual è il prefisso per ...?*
Wo gibt es...	*Dove trovo...*
Telefonkarten/	*le schede telefoniche/*
Briefmarken?	*i francobolli?*

Tankstelle

Wo ist die nächste Tankstelle?	*Dov'è la stazione di servizio più vicina?*
Ich möchte ...Liter...	*Vorrei...litri...*
Benzin/Super/ Diesel.	*di benzina/super/ diesel.*
Volltanken, bitte.	*Faccia il pieno, per favore.*
Bitte prüfen Sie...	*Verifichi per favore...*
den Reifendruck/	*la pressione delle ruote/*
den Ölstand/	*il livello dell'olio/*
den Wasserstand/	*il livello dell'acqua/*
das Wasser für die Scheibenwischanlage/	*l'acqua per il tergicristallo/*
die Batterie.	*la batteria.*
Würden Sie bitte ...	*Per favore, mi può ...*
den Ölwechsel vornehmen/	*cambiare l'olio/*

Hinweise zur Aussprache

c,-cc	vor ›e‹ und ›i‹ wie ›tsch‹, Bsp.: **ci**ao; sonst wie ›k‹, Bsp.: **co**me
ch,-cch	wie ›k‹, Bsp.: **che**, **chi**lo
g,-gg	vor ›e‹ und ›i‹ wie ›dsch‹, Bsp.: **ge**nte; sonst wie ›g‹, Bsp.: **go**la
gli	wie ›Lilie‹, Bsp.: fi**glio**
gn	wie ›Cognac‹, Bsp.: ba**gno**
sc	vor ›e‹ und ›i‹ wie ›sch‹, Bsp.: **scio**pero; sonst wie ›sk‹, Bsp.: **sca**la
sch	wie ›sk‹, Bsp.: I**schi**a
sci	vor ›a,o,u‹ wie ›sch‹, Bsp.: la**scia**re
z	wie ›ds‹, Bsp.: **zu**ppa

den Radwechsel vornehmen/	*cambiare la ruota/*
die Sicherung austauschen/	*sostituire il fusibile/*
die Zündkerzen erneuern/	*sostituire le candele/*
die Zündung nachstellen.	*regolare l'accensione.*

Mietwagen

Autovermietung	*Autonoleggio*
Ich möchte ein Auto mieten.	*Vorrei noleggiare una macchina.*
Was kostet die Miete …	*Quanto costa il noleggio …*
pro Tag/	*al giorno/*
pro Woche/	*alla settimana/*
mit unbegrenzter km-Zahl/	*senza limite chilometraggio/*
mit Kasko-versicherung/	*con assicurazione kasko/*
mit Kaution?	*con cauzione?*
Wo kann ich den Wagen zurückgeben?	*Dove posso restituire la macchina?*

Panne

Ich habe eine Panne.	*Ho un guasto.*
Der Motor startet nicht.	*La macchina non parte.*
Ich habe die Schlüssel im Wagen gelassen.	*Ho le chiavi in macchina.*
Ich habe kein Benzin/ Diesel.	*Non ho più benzina/ diesel.*
Gibt es hier in der Nähe eine Werkstatt?	*C'è un'officina qui vicino?*
Können Sie mir einen Abschleppwagen schicken?	*Mi potrebbe mandare un carro attrezzi?*
Können Sie den Wagen reparieren?	*Può riparare la mia macchina?*
Bis wann?	*Quando sarà pronta?*

Unfall

Hilfe!	*Aiuto!*
Achtung!/Vorsicht!	*Attenzione!*
Rufen Sie bitte schnell …	*Per favore, chiami subito …*
einen Kranken-wagen/	*un'ambulanza/*
die Polizei/	*la polizia/*
die Feuerwehr.	*i vigili del fuoco.*
Es war (nicht) meine Schuld.	*(Non) È stata colpa mia.*
Geben Sie mir bitte Ihren Namen und Ihre Adresse.	*Mi dia il suo nome ed indirizzo, per favore.*
Ich brauche die Angaben zu Ihrer Autoversicherung.	*Mi dia i particolari della sua assicurazione auto.*

Notfall

Ich möchte eine Anzeige erstatten.	*Vorrei fare una denuncia.*
Man hat mir …	*Mi hanno rubato …*
Geld/die Tasche/	*i soldi/la borsa/*
die Papiere/	*i documenti/*
die Schlüssel/	*le chiavi/*
den Fotoapparat/	*la macchina fotografica/*
den Koffer/	*la valigia/*
das Fahrrad gestohlen.	*la bicicletta.*

Krankheit

Können Sie mir einen guten Deutsch sprechenden Arzt/ Zahnarzt empfehlen?	*Mi può consigliare un bravo medico/ dentista che parla il tedesco?*
Wann hat er Sprechstunde?	*Qual è l'orario delle visite?*
Wo ist die nächste Apotheke?	*Dove si trova la farmacia più vicina?*
Ich brauche ein Mittel gegen …	*Vorrei qualcosa contro …*
Durchfall/	*la diarrea/*
Halsschmerzen/	*mal di gola/*
Fieber/	*la febbre/*
Insektenstiche/	*le punture d'insetti/*
Kopfschmerzen	*mal di testa*
Verstopfung/	*la costipazione/*
Zahnschmerzen	*mal di denti.*

Hotel

Können Sie mir bitte ein Hotel/eine Pension empfehlen?	*Potrebbe consigliarmi un albergo/ una pensione, per favore?*
Ich habe bei Ihnen ein Zimmer reserviert.	*Ho prenotato una camera.*
Haben Sie ein Einzel-/	*Ha una camera singola/*
Doppelzimmer …	*doppia …*
mit Dusche/	*con doccia/*
mit Bad/	*con bagno/*
für eine Nacht/	*per una notte/*
für eine Woche/	*per una settimana/*
mit Blick aufs Meer?	*con vista sul mare?*
Was kostet das Zimmer …	*Quanto costa una camera …*
mit Frühstück/	*con prima colazione/*

mit Halbpension/	*con mezza pensione/*
mit Vollpension?	*con pensione completa?*
Kann ich mit Kreditkarte zahlen?	*Posso pagare con la carta di credito?*
Haben Sie einen Hotelsafe/ Internetzugang	*Avete una cassetta di sicurezza/ l'accesso a Internet?*
Wie lange gibt es Frühstück?	*Fino a che ora viene servita la colazione?*
Ich möchte um…Uhr geweckt werden.	*Vorrei essere svegliato alle ore…*
Ich reise heute Abend/ morgen früh ab.	*Vorrei partire questa sera/ domani mattina.*

Restaurant

Ich suche ein gutes/günstiges Restaurant.	*Cerco un buon ristorante/ un ristorante non troppo caro.*
Die Speisekarte/ Getränkekarte, bitte.	*Vorrei la carta/ la lista delle bevande, per favore.*
Welches Gericht können Sie mir empfehlen?	*Quale piatto mi può consigliare?*
Ich möchte das Tagesgericht/ das Menü (zu…).	*Vorrei il piatto del giorno/ il menù (da…).*
Ich möchte nur eine Kleinigkeit essen.	*Vorrei uno spuntino.*
Haben Sie … vegetarische Gerichte/	*Ha dei… piatti vegetariani/*
offene Weine/	*vini della casa/*
alkoholfreie Getränke?	*analcolici?*
Kann ich bitte… ein Messer/ eine Gabel/ einen Löffel haben?	*Vorrei avere… un coltello/ una forchetta/ un cucchiaio.*
Die Rechnung, bitte.	*Il conto, per favore!*

Essen und Trinken

Abendessen	*cena*
Apfel	*mela*
Artischoken	*carciofi*
Auberginen	*melanzane*
Bier	*birra*
Brot/Brötchen	*pane/panino*
Butter	*burro*
Ei (Eier)	*uovo (uova)*
Erdbeeren	*fragole*
Espresso (mit Milch)	*caffè (macchiato)*
Essig	*aceto*
Feigen	*fichi*
Fisch	*pesce*
Flasche	*bottiglia*
Fleisch	*carne*
Frischkäse	*ricotta*
Fruchtsaft	*succo di frutta*
Frühstück	*prima colazione*
gebacken	*al forno*
gegrillt	*ai ferri/alla griglia*
gekocht	*bollito(a)*
Gemüse	*verdura*
Glas	*bicchiere*
Hühnchen	*pollo*
Kalbfleisch	*vitello*
Kalbshaxenscheibe	*ossobuco*
Kaninchen	*coniglio*
Kartoffeln	*patate*
Käse	*formaggio*
Knoblauch	*aglio*
Kotlett	*costoletta*
Krabben	*gamberetti*
Lamm	*agnello*
Languste	*aragosta*
Maisschnitte	*polenta*
Meeresfrüchte	*frutti di mare*
Miesmuscheln	*cozze*
Mineralwasser (mit/ ohne Kohlensäure)	*acqua minerale (con/senza gas)*
Mittagessen	*pranzo*
Nachspeise	*dolce*
Obst	*frutta*
Öl	*olio*
Orange	*arancia*
Parmesan	*parmigiano*
Pfeffer	*pepe*
Pfirsich	*pesca*
Pilze	*funghi*
Reisbällchen, gefüllt	*arancine*
Rindfleisch	*manzo*
Salat	*insalata*
Salz	*sale*
Schafskäse	*pecorino*
Schaumwein, Sekt	*spumante*
Schinken	*prosciutto*
Schweinefleisch	*maiale*
Spinat	*spinaci*
Steak	*bistecca*
Suppe	*minestra, zuppa*
Tee	*té*
Thunfisch	*tonno*
Tintenfische	*polpetti*
Tomaten	*pomodori*
Venusmuscheln	*vongole*
Vorspeisen	*antipasti*
Wein	*vino*
Weißwein/	*vino bianco/*
Rotwein/	*vino rosso/*
Roséwein	*vino rosato*
Weintrauben	*uva*
Zucker	*zucchero*
Zwiebeln	*cipolle*

ADAC
REISEMAGAZIN
ADAC Reisemagazin
Südengland
REISEMAGAZIN
Französische Schweiz
REISEMAGAZIN
Norwegen
Einsame Spitze
ADAC Reisemagazin
Wild auf Südafrika
ADAC
Nr. 157
REISEMAGAZIN
März/April 2017
Sardinien
Genussvoll eintauchen
Die 30 schönsten Hotels für jedes Budget
Festmahl
Eine sardische Mamma lädt zum großen Familienessen ein
Cabriotour
Unterwegs im Norden, von Olbia durch die Gallura-Region nach Alghero
Segeltörn
Auf einer Yacht durch den spektakulären La-Maddalena-Archipel

Register

M

N

O

P

R

S

Impressum

Herausgeber: GRÄFE UND UNZER VERLAG GmbH, München
Redaktionsleitung: Benjamin Happel
Autorin: Dr. Gerda Rob
Autor Tipps Seite 12–15: Stefan Maiwald
Verlagsredaktion: Gernot Schnedlitz, Katja Tegler, Nora Köpp
Lektorat: Intermag Publishing GmbH, München
Bildredaktion: Gräfe und Unzer, Intermag Publishing
Satz: Intermag Publishing
Umschlaggestaltung: independent Medien-Design, München
Karten (Umschlag): Computerkartographie Carrle, München
Karten (Innenteil): Computerkartographie Carrle
Herstellung: Mendy Willerich
Druck: Drukarnia Dimograf Sp z o.o. (Polen)

Ansprechpartner für den Anzeigenverkauf:
KV Kommunalverlag GmbH & Co. KG,
MediaCenter München, Tel. 089/92 80 96 44

ISBN 978-3-95689-385-8

2., unveränderte Nachauflage 2018

Bei Interesse an maßgeschneiderten Verlagsprodukten:
veronica.reisenegger@graefe-und-unzer.de

GRÄFE UND UNZER

Ein Unternehmen der
GANSKE VERLAGSGRUPPE

Bildnachweis

Titel: Fischerdorf Marina Corricella auf der Insel Procida
Foto: **Mauritius Images** (age fotostock / Frank Chmura)

Rücktitel: links: **Fotolia** (JFL Photography);
rechts: **Seasons Agency** (Kramp + Gölling)

Titel Faltkarte: Malerische Stadtansicht auf der Insel Procida
Foto: **Bildagentur Huber** (Giuseppe Greco)

Peter H. Amann: 10.2, 31, 33, 38.2, 40, 67, 74, 84, 86.1, 91, 96.2, 104, 107, 114.1, 117.2 – **awl images:** 16/17 (Francesco Iacobelli) – **Clipdealer:** 96.1 (Cornel Stefan Achirei) – **ddp images:** 18/19, 77, 78 – **F1 Online:** 5.4 (Wh.), 8.1 (Wh.), 60, 74, 80 – **Fotolia:** 3.1 (puchu), 43 (Rick Henzel), 101 (JWS) – **Bildagentur Geduldig:** 54 – **Getty Images:** 2.1 (Wh.), 9.2, 89 (Alberto Incrocci) – **Grand Hotel Excelsior Vittoria, Sorrent:** 102, 103 – **Rainer Hackenberg:** 49, 55, 59, 66, 69, 71.2, 86.2, 94.2, 95, 97, 100 – **Herbert Hartmann:** 42, 71.1 – **Bildagentur Huber:** 2.4 (Wh.), 5.1 (Wh.), 46 (Giuseppe Greco), 50/51 (Massimo Borchi), 58 (Kaos02), 82, 116 (Gräfenhain) – **Imago:** 5.3 (Wh.), 88 (Gran Angular), 12.2 (Milestone Media), 13.1 (Geisser), 135 (Lindenthaler) – **laif:** 2.2 (Wh.), 11 (Andreas Hub), 3.2 (Wh.), 10.1 (Wh.), 27, 32, 44, 91 (Ogando), 4.4 (Wh.), 117, 132 (Wh.) (Frank Heuer), 7, 131 (Wh.) (Redux/The New York Times), 12.3 (Gianluca Cecere), 13.3, 46 (Max Galli), 15.3 (Andrea Artz), 25.2, 29 (Berthold Steinhilber), 26, 30 (Ludovic Maisant/hemis.fr), 105.1, 105.2, 109, 121, 90 (Moscia/Archivolatino) – **Knut Liese:** 48, 56 – **Look:** 4.2 (Wh.), 5.2 (Wh.), 108, 130 (Age Fotostock), 22.1 (Rainer Martini), 64, 72, 73 (Hauke Dressler), 109, 112.2 (Franz Marc Frei), 120 (Uli Seer) – **Mauritius Images:** 3.4 (Wh.), 9.1, 14.3, 35 (Wh.), 36/37, 40 (Alamy), 14.1 (Cubo-Images), 15.1 (imagebroker), 24 (Rainer F.Steussloff) – **Prisma Bildagentur:** 79 (Giuseppe Masci), 81 (Alfredo) – **Schapowalow:** 75 – **Shutterstock:** 2.3 (edella), 4.1 (Wh.), 20/21 (lapas77), 6/7 (Francesco R. Iacomino), 12.1 (Tania Lerro), 13.2 (Gutzemberg), 14.2 (Poznyakov), 15.2 (Galinka), 23 (Matyas Rehak), 52/53, 63 (artconcept), 57 (Karel Gallas), 68 (Mikadun), 70 (eFesenk), 93 (JeniFoto), 112.1 (leoks), 115 (Francesco R. Iacomino), 118 (Gabriela Insuratelu), 126 (imagedb.com), 129.2 (Rido) – **Stock Food:** 8.2 (Wh.), 127 (Susie M. Eising) – **Ullstein Bild:** 84 (Promnitz) – **Vario Images:** 3.3 (Wh.), 106, 110, 113 (RHPL) – **Visum:** 24 (C. M. Fragasso) – **Johannes Wunner:** 10.3 – **Your Photo Today:** 4.3 (Wh.), 61 – **Fulvio Zanettini:** 22.2, 25.1, 38.1, 41, 55, 76, 87, 94.1, 104, 114.2, 129.1 – **PR:** 98, 111